Die Stiftung

Bernd Andrick / Matthias Gantenbrink /
Axel Janitzki / Karlheinz Muscheler /
Markus Schewe / Sebastian Trappe /
Katharina Uffmann / Sebastian Unger (Hrsg.)

Die Stiftung

Jahreshefte zum Stiftungswesen 17.
Jahrgang 2023

PETER LANG

Berlin - Bruxelles - Chennai - Lausanne - New York - Oxford

Bibliografische Information der Deutschen Nationalbibliothek
Die Deutsche Nationalbibliothek verzeichnet diese Publikation
in der Deutschen Nationalbibliografie; detaillierte bibliografische
Daten sind im Internet über http://dnb.d-nb.de abrufbar.

ISSN 1864-922X
ISBN 978-3-631-92223-1 (Print)
E-ISBN 978-3-631-92264-4 (E-PDF)
E-ISBN 978-3-631-92265-1 (E-PUB)
DOI 10.3726/b22042

Diese Publikation wurde begutachtet.

Editorial

Am 01.07.2023 ist das reformierte Stiftungszivilrecht in Kraft getreten. Die §§ 80 bis 88 BGB haben nach fast 125 Jahren ein völlig neues Gesicht bekommen. Hoffen wir, dass ihnen ein ebenso langes Leben beschieden sein wird wie den alten Vorschriften. Denn mag Beständigkeit in Zeiten raschen Wandels auch leicht aus der Mode kommen, für das Recht ist sie ein Wert an sich. Hat der rechtspolitische Streit um das richtige Recht somit sein Ende gefunden, so beginnt nun der Streit um die richtige Auslegung des Rechts. Der „Stiftungsrechtstag an der Ruhr-Universität Bochum" sowie der ihn tragende Verein „Fundare e.V." haben sich in den letzten Jahren an der rechtspolitischen Auseinandersetzung beteiligt, sie werden mit demselben Eifer sich der Deutung und Anwendung des neuen Rechts annehmen. Dabei gilt es das, was am alten Recht gut war, möglichst zu bewahren, das Gute am neuen Recht herauszuarbeiten und sein Schlechtes möglichst in Grenzen zu halten. Das Neue ist so wenig immer gut wie das Alte, doch besitzt es immer das per se Gute, dass man neu mit dem Nachdenken beginnen kann, ja muss. Dabei wird es bei einem Gesetz, das so sehr auf Vollständigkeit zielt wie jetzt die §§ 80 ff. BGB, vor allem darauf ankommen, auf das Ungesagte zu hören, auf das, was durch Nichtsagen gesagt wird.

Der vorliegende Band enthält die Vorträge, die auf dem 17. Stiftungsrechtstag an der Ruhr-Universität Bochum gehalten wurden. Den Referenten sei auch an dieser Stelle noch einmal herzlich gedankt. Doch sei für manche Verbesserung im geschriebenen Text auch das Publikum bedankt, denn es hat sie ihnen abverlangt.

Karlheinz Muscheler

Inhalt

Michael Borgolte[*]

Konjunkturen, Kritik und Krisen –
Stiftungen in der Geschichte

I. Vortrag vom 24.02.2023
II. Abstract

I. Vortrag vom 24.02.2023

Meine Damen und Herren,

Sie haben Ihren Stiftungsrechtstag 2023 unter die Überschrift „Stiftung und Krise"
gestellt. Als mich Professor Andrick im Mai letzten Jahres einlud, hier den Eröff-
nungsvortrag zu halten, wofür ich ihm und den Veranstalter*innen Frau Professo-
rin Uffmann und Herrn Professor Unger, herzlich danke, habe ich zuerst irritiert
zurückgefragt. Was sollte mit „Stiftung und Krise" gemeint sein? Kollege Andrick,
aus dessen Antwort ich sicher zitieren darf, gab eine doppelte Auskunft: Am ehes-
ten käme ihm als Thema, wie er schrieb, „die Stiftung in Krisenzeiten" entgegen,
vielleicht sogar „der stabilisierende Charakter" der Stiftung „in Krisenzeiten";
man wolle jedenfalls „nicht verengt die Krise der Stiftung in den Blick" nehmen,
obschon es Beispiele dafür gebe, dass Stiftungen in der Gegenwart in die Krise
geraten könnten.[1] Und in Ihrem Programm für heute lese ich, dass es unter anderem darum gehen solle, wie „(Unternehmens-) Stiftungen krisensicher" zu gestalten wären, sei es aus zivilrechtlicher, sei es aus steuerrechtlicher Sicht.[2] Es liegen
also mehrere Deutungsangebote für das Thema Ihrer Tagung vor, zu denen ich
eingangs Stellung nehmen muss; ich tue dies, wie Sie wissen, als Historiker, der,
weiter einschränkend, Spezialist für die älteren, vormodernen Zeiten, aber kein
Neu- oder gar Zeithistoriker ist.

„Krísis", der antike griechische Begriff, meint im medizinischen Sinn eine Ent-
scheidungssituation zwischen Leben und Tod, sonst auch zwischen Recht und

---

[*] *Prof. em. Dr. Michael Borgolte* war von 1991 bis 2016 Professor für Geschichte des
   Mittelalters an der Humboldt-Universität zu Berlin, ist seit 2005 Mitglied der Berlin-
   Brandenburgischen Akademie der Wissenschaften und seit 2013 Mitglied der Aca-
   demia Europaea.
[1] E-Mail von Bernd Andrick an den Redner vom 14.05.2022.
[2] Tobias Hueck, (Unternehmens-)Stiftungen krisensicher gestalten aus zivilrechtlicher Sicht; Judith Mehren, (Unternehmens-)Stiftungen krisensicher gestalten aus
   steuerrechtlicher Sicht.

Unrecht, Heil und Verdammnis. In der Geschichte dient er zur Bezeichnung von erwarteten oder erfahrenen Umbrüchen, die negativ oder positiv bewertet werden. Mit seinen Wurzeln in der Antike zählt „Krise" seit der Moderne, etwa seit 1780, zu den historischen Grundbegriffen und drückt eine allgemeine Zeiterfahrung aus. Der Begriff gehört „zur strukturellen Signatur der Neuzeit"[3]. Während er in diesem Sinne ein Produkt des Revolutionszeitalters war, wurde er gleichzeitig auch schon verallgemeinert, so dass er „zum Dauerbegriff für ‚Geschichte'" schlechthin wurde. „Krise" kann also historisch eine „kritische Übergangszeit", eine bestimmte Periode oder die Geschichte selbst charakterisieren.[4] Wenn ich Herrn Andrick richtig verstanden habe, beruht demnach die Konzeption der Tagung auf der Annahme, dass wir uns in einer besonderen Krisenzeit befinden; es müsste dann gesagt werden, was ihre Eigenart im Unterschied zu anderen Perioden ausmacht.

Das Adjektiv „krisensicher" ist eine verhältnismäßig sehr junge Wortschöpfung; in der großen begriffsgeschichtlichen Analyse von Reinhart Koselleck vom Jahr 1982 wird sie noch nicht nachgewiesen[5], und tatsächlich weist das Digitale Wörterbuch der deutschen Sprache, das unter anderem auf den Textcorpora von Tageszeitungen beruht, einen zunehmenden Gebrauch erst seit 1987/1990 und einen (vorläufigen) Hype im Jahr 2022 nach.[6] Zum Beleg wird aus der „Süddeutschen Zeitung" aus dem Jahr 2001 zitiert, wo von „krisensicheren Jobs" die Rede ist, und ein Artikel der „Zeit" von 2010 aufgerufen, in dem schon die Sorge anklingt, die Unternehmen für die Zukunft krisensicherer zu machen. Offensichtlich geht es hier darum, die Krise zu vermeiden, weil ihr nur ein Verhängnis, aber keinerlei Chance zugeschrieben wird. Nun wird niemand behaupten, arbeitslos zu werden oder pleite zu gehen, sei eine wirkliche Option, aber man fragt sich doch, ob sich hinter dem Gebrauch des Adjektivs „krisensicher" nicht eine Angst vor dem Leben selbst verbirgt. Noch deutlicher wird das beim Attribut „krisenfest", das das Wörterbuch als Synonym zu „krisensicher" nachweist. „Krise", die auf Bedrohung verengt wird, kann nicht mehr als konstitutive Bedingung moderner Existenz oder allgemeines Kennzeichen von Geschichte verstanden werden. Ein ähnlicher Befund ergibt sich auch aus der Ankündigung eines Buches, das am 13. März unseres Jahres bei Herder erscheinen soll. Verfasst hat es der Freiburger

---

3 Reinhart Koselleck, Krise, in: Geschichtliche Grundbegriffe. Historisches Lexikon zur politisch-sozialen Sprache in Deutschland, Bd. 3. Stuttgart 1982, 617–650, 617, 629, 635.
4 Ebd., 627.
5 Vgl. ebd., 649, im Hinblick auf das Denken der Junghegelianer.
6 „krisensicher", bereitgestellt durch das Digitale Wörterbuch der deutschen Sprache, https://www.dwds.de/wb/krisensicher, abgerufen am 03.12.2022; s. Verlaufskurve 1946–2022: 1946: 0 Treffer, 1986: 4 Treffer, 1987: 7 Treffer, 1990: 22 Treffer, 1993: 106 Treffer, 2022: 417 Treffer.

Ökonom Lars P. Feld unter dem Titel „Krisensicher".[7] Nach der Verlagsanzeige geht es zwar um den Nachweis „mutiger Veränderungen" und die Verbesserung der „Widerstandskraft von Wirtschaft und Gesellschaft", aber eben auch darum, „für die kommenden Krisen besser gerüstet zu sein".

Als Historiker, der Geschichte als zwar gelegentlich retardierten, im Prinzip aber unaufhörlichen Wandel versteht, neige ich dazu, Krise als Dauerzustand zu verstehen; ich möchte aber im Sinne ihres Vorhabens gern nach geschichtlichen Umbrüchen fragen, die Widerstände oder Änderungen im Stiftungswesen hervorbringen konnten. Ich beziehe dabei auch die „Kritik" ein – eine Kategorie des Denkens, die dem Mittelalter eher fremd war. Man kann aber als moderner Zeitgenosse mit der „Krise" kaum umgehen, ohne zu beachten, dass Kritik Krisen vorantreiben, begleiten oder reflektierend bewältigen kann.[8] Schließlich erscheint es mir sinnvoll, auch den ökonomischen Begriff der „Konjunktur" einzubeziehen. Bei näherer historischer Betrachtung zeigt sich nämlich, dass nicht nur Kritik und Krise von außen auf Stiftungen einwirken, sondern dass die Geschichte der Stiftungen Auf- und Abschwünge kennt und so oder so selbst krisenhafte Folgen für Staat und Gesellschaft haben können. Ihnen allen ist ja auch die Debatte über die politischen Auswirkungen von Megastiftungen in den Vereinigten Staaten gegenwärtig.[9]

Ich beginne mit einigen allgemeinen Aussagen zu Stiftungen aus universalhistorischer Sicht und verfolge dann einen Strang der Stiftungsgeschichte im Hinblick auf Konjunkturen, Kritik und Krisen.

„Stiftung" ist ein Rechtsbegriff, aber keine Erfindung der Juristen. Was man für die römische Antike festgestellt hat, dass nämlich Stiftungen aus lebenspraktischen Bedürfnissen, aber ohne wissenschaftliches Fundament entstanden sind, gilt auch allgemein. Im mittelalterlichen Jahrtausend haben nur muslimische Gelehrte wenigstens eine Terminologie des Stiftungswesens entwickelt und eine streng rechtlich bestimmte Auffassung des sogenannten *waqf* begründet.[10]

---

7 Lars P. Feld, Krisensicher. Wie wir die kommenden Herausforderungen meistern. Freiburg 2023.

8 Vgl. Koselleck, Krise (wie Anm. 3), 637.

9 Vgl. Kenneth Prewitt, Die Legitimität philanthropischer Stiftungen aus amerikanischer Sicht, in: Jürgen Kocka / Günter Stock (Hrsg.), Stiften, Schenken, Prägen. Zivilgesellschaftliche Wissenschaftsförderung im Wandel. Frankfurt / New York 2011, 85–100; Michael Borgolte, Stiftung und Wissenschaft. Argumente für eine Wahlverwandtschaft, in: Ebd., 33–41, 38 f. Künftig: Ders., Von der mediävistischen Memoria-Forschung zum universalen Stiftungsvergleich. Vortrag in der Universität Heidelberg vom 18.10.2021, im Druck.

10 Dies und das Folgende wörtlich nach Michael Borgolte, Wie Neues in die Welt kommt. Zu Aufkommen und Verbreitung des Stiftungswesens in universalgeschichtlicher Perspektive, in: Christian Jaser / Harald Müller / Thomas Woelki (Hrsg.), Eleganz und Performanz. Von Rednern, Humanisten und Konzilsvätern. Johannes Helmrath zum 65. Geburtstag. Wien / Köln / Weimar 2018, 21–38, 21–23.

Beim universalen Mangel an begrifflicher Klarheit fällt aber auf, dass Stiftungen offenkundig weit verbreitet waren und in vielen Kulturen schon der Alten Welt begegnen. Obschon es genau gesehen so viele Varianten von ihnen gibt, dass eine allgemein gültige Definition unmöglich wäre, lässt sich doch ein Idealtyp im Sinne von Max Weber bilden. Eine Stiftung wurde und wird demnach dadurch geschaffen, dass eine Person die Erträge ihres Vermögens einem dauernden Zweck widmet; das Kapital der Stiftung selbst muss also erhalten bleiben, während die Zinsen gemäß dem Stifterwillen konsumiert werden. Von der einfachen Schenkung unterscheidet sich die Stiftung dadurch, dass die Gabe nicht durch einen einmaligen Akt den Besitzer wechselt, sondern auf Basis der Erträge ständig wiederholt wird. Die Leistungen der Stiftung sollen auf Dauer, wie häufig formuliert wird: „auf ewig", jedenfalls aber fast immer über den Tod von Stifter oder Stifterin hinaus, erbracht werden.

Wenn Stiftungen nahezu überall vorzukommen scheinen, fragt es sich, ob ihnen ein so einfacher Gedanke zugrunde liegt, dass sie mehrfach kreiert wurden oder sich eher durch interkulturelle Imitation verbreitet haben. Die Frage ist historisch deshalb reizvoll, weil wir in einer Epoche der Globalisierung wissen wollen, wie tief das Fundament ist, auf dem sich die Völker, Kulturen und Religionen verständigen können. In der Wissenschaft wurde das Problem bisher nur selten und allenfalls punktuell erörtert; ich selbst konnte mich ihm erst zuwenden, als mir der European Research Council ein fünfjähriges Großprojekt bewilligte, in dem wenigstens die mittelalterlichen Stiftungskulturen unter Mitwirkung von Experten aus fünf oder sechs Disziplinen vergleichend aufgearbeitet wurden. Neben einer dreibändigen „Enzyklopädie des Stiftungswesens in mittelalterlichen Gesellschaften", die zwischen 2014 und 2017 im Druck erschienen ist, war eine Monographie über die Weltgeschichte der Stiftungen von den Anfängen bis etwa 1500 u. Z. Teil des Forschungsvorhabens.[11]

Recht einfach lassen sich die historischen Rahmenbedingungen für die Stiftungen umreißen. Offenbar konnten diese erst nach der „landwirtschaftlichen Revolution" entstehen; dieser wohl größte Einschnitt in der Geschichte der Menschheit wird grob gesagt zwischen dem zehnten und sechsten Jahrtausend vor unserer Zeit datiert und ist dadurch gekennzeichnet, dass mehr Getreide geerntet wurde als für den saisonalen Verzehr notwendig war. Ohne Vorratshaltung und Mehrwertbildung, also ohne den Überschuss an materiellen Ressourcen, konnte es Stiftungen nicht geben. Über die Güter mussten Einzelpersonen als Eigentum verfügen können. Dazu kommt eine wenigstens in Ansätzen arbeitsteilige Gesellschaft; für die Realisierung der Stiftungszwecke mussten nämlich Spezialisten für die Stiftungsverwaltung ebenso wie für die Durchführung von Kulthandlungen und Wohltaten

---

11 Michael Borgolte (Hrsg.), Enzyklopädie des Stiftungswesens in mittelalterlichen Gesellschaften. 3 Bde. Berlin 2014/2016/2017. – Ders., Weltgeschichte als Stiftungsgeschichte. Von 3000 v. u. Z. bis 1500 u. Z. Darmstadt 2017; engl. Übers.: Leiden 2020.

zur Verfügung stehen. Auch auf Schriftlichkeit konnte man nicht verzichten; zwar mögen im Stiftungsprozess viele Regelungen mündlich vereinbart und Nebenabsprachen dem Gedächtnis der Beteiligten anvertraut worden sein, doch war das Medium der Schrift bei einer elaborierten Einrichtung, die auf lange Sicht bestehen sollte, unentbehrlich. Zweifellos sind Stiftungen also ein Phänomen komplexer Gesellschaften; man muss ihre Genesen oder Entstehungen in sogenannten Hochkulturen suchen.

Eine vielleicht weniger zwingende, aber doch naheliegende weitere Voraussetzung ergibt sich aus Beobachtungen zu den ältesten Typen der Stiftungen. Diese waren der Götterverehrung und dem Ahnenkult gewidmet und begegnen zuerst in den Großreichen von Ägypten und Mesopotamien seit dem frühen dritten Jahrtausend vor unserer Zeit. Dort, wo Menschen und menschliche Gruppen konzentriert auf eine Siedlung verharrten und ihre Leistungen und Leistungsverpflichtungen von Generation zu Generation weitergaben, bedurfte man keiner Stiftungen; diese wurden aber nötig, wo es, wie in den großen Reichen, eine starke horizontale Mobilität und damit das Phänomen örtlicher Entfremdung gab. Wenn die These angenommen wird, war also die Genese der Stiftung selbst Ergebnis einer fundamentalen Krise, nämlich der Auflösung gewohnter Lebensgemeinschaften in überschaubaren Räumen.

Wohl nicht von Anfang an, aber doch schon bald war eine Rechtsordnung unabdingbar, die den Bestand der Stiftungen garantieren sollte. Aus den Ahnenstiftungen entwickelten sich die Totenstiftungen, durch die Vermögende für ihre dauernde Grabsorge und Memoria sorgten. Dabei machte es einen großen Unterschied, ob die Stifter nur ihr Nachleben oder gar ihren Ruhm unter den Lebenden sichern oder mit ihrer Stiftung ihr transmortales Heil befördern wollten. In beiden Fällen konnten Bedürftige Nutznießer der Stiftungen werden. Totenstiftungen beziehungsweise Stiftungen für das Seelenheil waren dann zugleich philanthropische oder caritative Stiftungen.

Durch meine Forschungen bin ich zu der Überzeugung gelangt, dass „die" Stiftung mehrfach erfunden wurde, sich also nicht nur durch Nachahmung und Kulturaustausch verbreitet hat.[12] Allerdings zeigt die Universalgeschichte der Stiftungen auch, dass diese keineswegs überall kontinuierlich oder gleichmäßig verbreitet

---

12 Ergänzend zu Borgolte, Weltgeschichte als Stiftungsgeschichte (wie Anm. 11): Michael Borgolte, Stiftungen in universalhistorischer Sicht (bis 1500 u. Z.), in: Michael Alberg-Seberich / Michael Borgolte / Siri Hummel, Die Stiftung als Unternehmung und Investor. (Opuscula 114.) Berlin 2018, 6–18, 8 f. (http://nbn-resolving.de/urn:nbn:de:0168-ssoar-56818-2), und Ders., „Das Mittelalter" in neuen europäischen und globalen Herausforderungen. Der Vergleich in der Historiographie, in: Cornelia Herberichs / Martin Rohde / Hugo O. Bizzarri u. a. (Hrsg.), Paradigmen und Perspektiven einer Mediävistischen Komparatistik. (Scrinium Friburgense 57.) Wiesbaden 2023, 25–44, 43 f.

waren. Ganz im Gegenteil gab es Aufschwünge, Niedergänge und Abbrüche der
Stiftungen sowie Wiederentdeckungen nach Zeiten, in denen sie scheinbar in Vergessenheit geraten waren.[13] Anders gesagt: Solange die beschriebenen Voraussetzungen einer „Hochkultur" gegeben waren und sind, wie in unserer Gesellschaft,
besteht aus historischer Sicht kein Anlass, an ihrem Fortbestand zu zweifeln.
Konjunkturen, Kritik und Krisen möchte ich nun in der Tradition des römisch-
vorchristlichen und christlichen Stiftungswesens bis zum Ende des 15. Jahrhunderts verfolgen, wobei ich mich beim Mittelalter auf Byzanz konzentrieren werde.

Die römische Antike war keine große Zeit der Stiftungen. Das lag vor allem
daran, dass der religiöse Kult Angelegenheit des Staates war.[14] Das Personal für
die Götterverehrung wurde aus öffentlichen Mitteln finanziert, die sich vorwie-
gend aus Steuern, Abgaben und Kriegsbeute speisten. Wer den Kult weiter fördern
wollte, war durch das römische Sakralrecht in seiner Handlungsfähigkeit einge-
schränkt. Die Übereignung von Grundstücken und anderen Gütern an staatlich
anerkannte Gottheiten stand nicht im Belieben des einzelnen Bürgers, sondern
musste durch dazu bevollmächtigte Magistraten geschehen. Mit der Errichtung
eines neuen Heiligtums waren Belastungen der Staatskasse verbunden, so dass es
Privatpersonen geradezu verboten war, ohne Zustimmung der Behörden sakrale
Stiftungen zu errichten. Wurde die fromme Handlung zugelassen, dann musste
der Betreffende förmlich seinen Eigentumsverzicht erklären und durch einen Akt
der *consecratio* die ausgewählten Liegenschaften, Gegenstände oder Personen
dem Kult weihen. Der Pontifex Maximus musste die Vertragsurkunde, die dann
in Inschriften an Tempeln angebracht wurde, laut vorlesen. Vermutlich wurde in
der Regel ein Stück Land als Kapitalstock gewählt, das durch Verpachtung eine
gewisse Rendite abwarf. Die Tempel wurden aber vor allem aus Mitteln des Staates
für ihren dauernden Unterhalt betrieben. Sie waren keine Rechtssubjekte mit eigenem, unabhängigem Vermögen. Was die Kosten des Kultes betrifft, muss man sich
auch vor Augen halten, dass die Priester am altrömischen Tempel wenig gemein
hatten mit dem christlichen Klerus. Wenigstens für die vornehmsten Götter und
Tempel wurden sie aus führenden Geschlechtern auf Lebenszeit gewählt, ohne
auf ihre sakrale Aufgaben beschränkt zu werden; ihre soziale Herkunft machte

13 Neben Borgolte, Weltgeschichte als Stiftungsgeschichte (wie Anm. 11), vgl. noch
Ders., Stiftung und Memoria. Hrsg. v. Tillmann Lohse. (StiftungsGeschichten, Bd. 10.)
Berlin 2012; online: https://edoc.hu-berlin.de/handle/18452/25285;jsessionid=DFE9D
BB487761630C9ADEAD9E287A43F; Ders., Christliche Stiftungen haben keine Epoche gemacht, in: Diakonia. Internationale Zeitschrift für die Praxis der Kirche 51/3,
2020, 155–162; Ders., Die Guten und die Toten. Ein weltgeschichtlicher Kommentar
zur „kreativen Philanthropie des 21. Jahrhunderts", in: Non-Profit Law Yearbook
2017. München 2018, 1–13.
14 Das Folgende nach Borgolte, Weltgeschichte als Stiftungsgeschichte (wie Anm. 11),
218–220.

sie unabhängig von einer Besoldung für ihren kultischen Dienst. Auch war die Anzahl der Priester viel kleiner als in religiösen Gemeinschaften, in denen sie für die Vermittlung zwischen den Gläubigen oder Gott beziehungsweise den Göttern unentbehrlich waren.

Geringe Entfaltungschancen hatten Stiftungen auch bei der Ahnenverehrung. Die Angehörigen der senatorischen Oberschicht verließen sich hier auf ihre Nachkommen.[15] Trotzdem reichen altrömische Grabstiftungen bis in die Zeit der Republik, also bis 30 v. u. Z., zurück. Charakteristische Initianten und Träger waren die Angehörigen einer anderen sozialen Gruppe, nämlich Freigelassene. Die ehemaligen Sklaven erwarben zwar das Bürgerrecht, konnten jedoch keine Ämter übernehmen und nicht in den Militärdienst treten. „Als Bürgern zweiter Klasse waren den Freigelassenen also wichtige Wege zu Ruhm und Ansehen – den Voraussetzungen für ein Weiterleben im Andenken der Nachwelt – versperrt."[16] Um den eigenen Namen über den Tod hinaus vor dem Vergessen zu bewahren, boten sich ihnen Grabmonumente mit Stifterinschriften an, die mit „Grabgärten" ausgestattet sein konnten. Diese mochten Blumen für die Erinnerungsfeiern oder andere Naturprodukte für die Totenmähler hervorbringen. Die Weitergabe des Namens unter den folgenden Generationen wurde dadurch bewirkt, dass die Freigelassenen ihrerseits Sklaven freiließen, die den Namen ihres Patrons trugen. Auch der Geburt nach freie Bürger bedienten sich des Instruments einer Memorialstiftung mit Hilfe von Freigelassenen. Die Freigelassenen sollten also Gemeinschaften bilden, die sich durch Vererbung ihres Status fortzeugten und Grabsorge und Totengedenken des Stifters oder der Stifterin auf Dauer garantierten. Diese Sozialfigur mochte in der vorchristlichen römischen Antike nur ein Randphänomen gewesen sein, sie sollte sich jedoch als wichtiges Vorbild für christliche Gedenkstiftungen erweisen.[17]

---

15 Hierzu Borgolte, Weltgeschichte als Stiftungsgeschichte (wie Anm. 11), 27–29, und bereits Michael Borgolte, Die Stiftungen des Mittelalters in rechts- und sozialhistorischer Sicht, in: Zeitschrift der Savigny-Stiftung für Rechtsgeschichte 105 Kan. Abt. 74, 1988, 71–94, ND in: Ders., Stiftung und Memoria (wie Anm. 13), 3–22, 3–10.

16 Susanne Pickert, Römische Stiftungen der augusteischen Zeit, in: Michael Borgolte (Hrsg.), Stiftungen in Christentum, Judentum und Islam vor der Moderne. Auf der Suche nach ihren Gemeinsamkeiten und Unterschieden in religiösen Grundlagen, praktischen Zwecken und historischen Transformationen. (StiftungsGeschichten, Bd. 4.) Berlin 2005, 23–45, 33; vgl. Dies., Sehnsucht nach Ewigkeit. Römische Stiftungen aus der Zeit des Augustus (27 v. Chr.–14 n. Chr.). Saarbrücken 2008, bes. 33–56.

17 Vgl. bereits Michael Borgolte, Freigelassene im Dienst der Memoria. Kulttradition und Kultwandel zwischen Antike und Mittelalter, in: Frühmittelalterliche Studien 17, 1983, 234–250, ND in: Ders., Stiftung und Memoria (wie Anm. 13), 131–150; Ders., Felix est homo ille, qui amicos bonos relinquit. Zur sozialen Gestaltungskraft letztwilliger Verfügungen am Beispiel Bischof Bertrams von Le Mans (616), in: Festschrift für Berent Schwineköper, hrsg. v. Helmut Maurer / Hans Patze. Sigmaringen 1982, 5–18.

Eine größere Rolle als die Totenehre für Angehörige bestimmter sozialer Gruppen spielten Stiftungen im Rom der Antike bei der Förderung des Gemeinwohls. Bürger und Beamte der Republik und dann die Kaiser fühlten sich zur Wahrnehmung öffentlicher Lasten mit eigenem Vermögen verpflichtet. Im Vordergrund der kaiserlichen Wohltaten standen die Infrastruktur Roms selbst und Italiens, insbesondere Bau und Unterhalt der Straßen und der Wasserversorgung.[18] Stiftungen, die solchen Zielen dienten, entfalteten sich etwa in dem Jahrhundert zwischen Cicero (gest. 43 v. u. Z.) und Seneca (gest. 40 u. Z.).[19] Fürsorgliches Denken ergab sich aus philanthropischer Gesinnung, wohltätiges Handeln manifestierte sich in Werken der Euergesie; diese dienten aber der Pflege des eigenen Nachruhms und blieben mit wenigen Ausnahmen auf die Angehörigen der eigenen Stadt und des eigenen Standes beschränkt. Der Gedanke, den Bedürftigen um ihrer Not willen ohne Ansehen der Person zu Hilfe zu kommen, war der vorchristlichen Antike fremd. Cicero, der eine Theorie der Gabe entwickelte („De officiis"), empfahl beispielsweise, die Herzen der Menschen zu gewinnen und mit dem eigenen Interesse zu verbinden. Dies könne zwar schon durch einmalige Geschenke, wie Spenden für Festessen, Theateraufführungen und Tierhetzen, geschehen, effektiver für den eigenen Ruhm seien aber Investitionen in öffentliche Bauten und „Freizeitanlagen". Beliebte Formen der öffentlichen Wohlfahrtspflege waren Stiftungen für Bäder oder Thermen, es gab sie aber auch für Schulen und Bibliotheken. Eine spezifisch römische Art der Wohltaten waren die Alimentarstiftungen; dabei wurde in der Regel Geld in Landbesitz angelegt, dessen Erträge bestimmten Kindern zugutekommen sollten.[20] Nach dem Willen einer Stifterin namens Fabia aus senatorischem Geschlecht in Hispalis (Spanien) sollten beispielsweise je einhundert Jungen und Mädchen „zur Vermehrung ihrer Alimente", ihrer Lebensmittelversorgung, Geld erhalten; ausdrücklich war die Gabe an das Gedenken gebunden, da die Beträge an den Geburtstagen Fabias und ihres Ehemannes ausbezahlt werden mussten.[21] Die Mädchen sollten hier mehr als die Knaben, nämlich in der Relation von 40 zu 30 Sesterzen, erhalten. Alimentarstiftungen der Kaiser scheinen dem Vorbild von Beamten und wohlhabenden Bürgern gefolgt zu sein. Hervorgetan haben sich die sogenannten Adoptivkaiser oder Antoninen (96–180 u. Z.), besonders Trajan (98–117). Dieser setzte ein großes Bauprogramm um, darunter mit Errichtung von vier Häfen, und erweiterte die Liste der Empfänger von freiem Getreide in Rom. Die Alimentarinstitution selbst weitete er durch Stiftungen in

18 Borgolte, Weltgeschichte als Stiftungsgeschichte (wie Anm. 11), 214.
19 Hierzu und zum Folgenden Borgolte, Weltgeschichte als Stiftungsgeschichte (wie Anm. 11), 546–551.
20 Hierzu und zum Folgenden ebd., 215 f., 547–550.
21 Bernhard Laum, Stiftungen in der griechischen und römischen Antike. Ein Beitrag zur antiken Kulturgeschichte. Bd. 2: Urkunden. Leipzig / Berlin 1914, ND Aalen 1964, 190 Nr. 107. Die Stiftung stammt aus der Zeit der Antonine.

über fünfzig Orten Italiens aus. Hier wie in allen anderen Äußerungen des antiken Euergetismus ging es aber nicht um Armensorge, sondern um Selbstdarstellung von *munificentia* und *liberalitas*, um demonstrative Patronage.

Bei den Stiftungen der „heidnischen" Antike schlossen trotz beträchtlicher Transformationen die christlichen und dann auch die mittelalterlichen Stiftungen an. Der Übergang galt noch vor einem halben Jahrhundert als starke, gar entscheidende Zäsur. 1963 lehrte der protestantische Kirchenrechtshistoriker Hans Liermann, dass die eigentliche Geschichte des Stiftungswesens mit dem Christentum begonnen habe. In seiner Geschichte der Stiftungen behauptete Liermann, erst auf dem Boden der Kirche seit Konstantin dem Großen seien „wirkliche Stiftungen" entstanden; entscheidend dafür sei das Motiv der Nächstenliebe gewesen, das die „unsoziale Grundhaltung" der griechisch-römischen Antike überwunden habe.[22] Insbesondere das hohe Mittelalter galt ihm als „das Zeitalter der Stiftungen" schlechthin[23]. Eine eurozentrische und teleologische Geschichtsauffassung wie bei Liermann hat die kulturvergleichende Historiographie der jüngsten Zeit zwar überwunden,[24] aber für unsere Frage nach Kritik und Krisen in den Konjunkturen des Stiftungswesens eröffnet sich hier ein lohnendes historisches Studienfeld.

Christliche Stiftungen waren immer Stiftungen für das Seelenheil.[25] Stifterinnen und Stifter errichteten also Einrichtungen, die ihnen zur Erlangung der ewigen Seligkeit verhelfen sollten. Dazu nahmen sie durch ihre Stiftungen Kleriker, Mönche oder sonstige Fromme in Anspruch, die über ihren Tod hinaus für sie Fürbitte bei Gott einlegen sollten. Die Stiftungen eigneten sich für dieses Vorhaben aus einem doppelten Grund: Sie sollten frei von jeder äußeren Gewalt bestehen und sich ihrer Aufgabe widmen können, und sie sollten auf Dauer eingerichtet sein. Das Motiv des dauernden Bestandes war von besonderem Interesse, da man

---

22 Hans Liermann, Handbuch des Stiftungsrechts, I. Band: Geschichte des Stiftungsrechts. Tübingen 1963, 24 f. – Vgl. hierzu schon Borgolte, Christliche Stiftungen (wie Anm. 13), 154 f.

23 Ebd., 78.

24 Der Band Liermanns von 1963 wurde noch vor zwanzig Jahren nachgedruckt, ergänzt durch einen Essay von Michael Borgolte, Von der Geschichte des Stiftungsrechts zur Geschichte der Stiftungen, hrsg. v. Axel Frhr. von Campenhausen / Christoph Mecking. Tübingen 2002.

25 Karl Schmid, Stiftungen für das Seelenheil, in: Ders. (Hrsg.), Gedächtnis, das Gemeinschaft stiftet. München / Zürich 1985, 51–73; Einschränkungen bei Michael Borgolte, Stiftungen für das „Seelenheil" – ein weltgeschichtlicher Sonderfall?, in: Zeitschrift für Geschichtswissenschaft 63/12, 2015, 1037–1056; vgl. auch Dens., Stiftung und Memoria. Ein mediävistisches Forschungskonzept in universalhistorischer Perspektive, in: Thomas Schilp / Caroline Horch (Hrsg.), Memoria – Erinnerungskultur – Historismus. Zum Gedenken an Otto Gerhard Oexle (28. August 1939–16. Mai 2016). Turnhout 2019, 75–92.

sich meistens vorstellte, dass die Seele der Verstorbenen nicht gleich nach dem Tod gerichtet würde, sondern erst am Ende der Zeiten das Weltgericht die Entscheidung über Heil oder Verdammnis fällte. In der postmortalen Zeit bis zum Endgericht konnten die frommen Beter für die Stifter intervenieren; Gebete dieser Art galten als Gaben, die das Heil der Verstorbenen förderten. Da Unsicherheit herrschte, wie lange die Seele auf die Entscheidung warten musste, war es am besten, ewige Leistungen durch die Organe der Stiftung vorzusehen.

So glänzende Voraussetzungen die christliche Erlösungslehre also den Stiftungen bot, schränkten bestimmte Praktiken die Aussichten doch gleich wieder ein.[26] Zum einen drohte den Stiftungen Gefahr von der Amtskirche selbst. Zwar bot sie als scheinbar unvergängliche Institution beste Bedingungen für dauernde Leistungen, es gelang ihr aber auch schon in der Frühzeit, den Bischöfen die Verfügungsgewalt über alles Kirchengut zu sichern. Die spezifischen Stiftungsgüter besonderer Gläubigen drohten im allgemeinen Kirchenschatz aufzugehen, so dass auch die individuellen Memorialleistungen in Vergessenheit geraten konnten. Die andere Gefahr ging von frommen Gebern aus, die ihre geistlichen Einrichtungen in der eigenen Hand behielten und ihren Nachkommen vererbten. Solche Gotteshäuser, man spricht von Eigenkirchen und Eigenklöstern, gehörten sich also nicht selbst wie Stiftungen es tun, sondern waren einer „privaten" Herrschaft unterworfen.

Der Grund, weshalb Hans Liermann vor sechzig Jahren die Zäsur des christlichen Stiftungswesens betonte, war allerdings weniger die Ablösung des heidnischen Toten- durch den christlichen Seelenkult, als der Übergang von der griechisch-römischen Philanthropie zur christlichen Caritas.[27] Christen sollen ja jedem Bedürftigen ohne Ansehen der Person und der Herkunft zu Hilfe kommen. Durch Stiftungen wurden nun caritative Einrichtungen geschaffen, die selbst als gute Werke galten, die dem Heil der Stifterseele zugutekommen würden; außerdem konnte der Stifter von den Nutznießern seiner Gabe und den Verwaltern der Einrichtung ebenso wie von Insassen eines Klosters Memorialgebete zu seinen Gunsten erwarten.

Die wichtigste Variante christlicher Fürsorgeeinrichtungen war das Spital. Nach neuen Forschungen wurde es um 350 u. Z. in Anatolien, also auf dem Lande, erfunden und verbreitete sich innerhalb der nächsten zweihundert Jahre über das Byzantinische Reich und von hier auch weiter in den christlichen Westen.[28] Im Unterschied zu den Verhältnissen im klassischen römischen Recht waren die

---

26 Hierzu und zum Folgenden: Borgolte, Weltgeschichte als Stiftungsgeschichte (wie Anm. 11), 52–74, 222–265.

27 Vgl. Christoph Stiegemann (Hrsg.), Caritas. Nächstenliebe der frühen Christen bis zur Gegenwart. Katalog zur Ausstellung im Erzbischöflichen Diözesanmuseum Paderborn. Petersberg 2015.

28 Das Folgende nach Borgolte, Weltgeschichte als Stiftungsgeschichte (wie Anm. 11), 69, 566 f.

christlichen Wohltätigkeitsanstalten selbstständig. In den Quellen findet sich zwar
keine gemeinsame Bezeichnung, doch spricht die Forschung nach dem häufig
belegten Motiv der frommen Gesinnung von *piae causae* („frommen Angelegenheiten"), sonst zur Betonung des kirchlichen Charakters von *venerabiles domus*
(„ehrwürdigen Häusern"). Im Einzelnen werden bei den Spitälern in der Überlieferung Fremdenhäuser, Armenhäuser, Krankenhäuser, Waisenhäuser, Findelhäuser
und Altenheime unterschieden. Die idealtypische Begründung und Beschrei-
bung dieser Stiftungen hat Kaiser Justinian in der Mitte des 6. Jahrhunderts gegeben: „Einem jeden Menschen ist vom Schöpfer nur der Lauf eines einzigen Lebens
gegeben, an dessen Ende der Tod steht. Nicht aber ziemt es, den ehrwürdigen
Häusern und ihren Kongregationen, die als unsterblich unter Gottes Schutz stehen, ein Ende zu setzen, auch nicht in ihren Gütern. Sondern solange die ehrwürdigen Häuser bestehen – und sie werden in Ewigkeit bestehen, ja bis ans Ende
der Tage, solange der Name ‚Christen' bei den Menschen gilt und verehrt wird –,
ist es gerecht und billig, dass auch die ihnen auf Ewigkeit zugewandten Spenden
und Einkünfte ewig dauern, damit sie unaufhörlich dienen den nie erlöschenden
frommen Werken."[29] Den Empfängern der Wohltaten sagte man besondere Nähe
zu Gott nach; Leprakranke, Waisen, Arme, Kranke und Witwen wurden deshalb
als Gegenleistung für ihre Unterstützung in die Fürbitten zugunsten der Stifter
einbezogen. In mittelalterlicher Überlieferung begegnen die Armen und die Wohl-
tätigkeitseinrichtungen fast immer als Angehörige und Bestandteile klösterlicher
Anlagen; durch die Herrschaft von Äbten und Mönchen ging die Freiheit der Spitäler als Stiftungen also wieder verloren.[30]

Ich möchte diesen Entwicklungen hier aber nicht näher nachgehen, sondern
mich mit Kirchen und Klöstern im byzantinischen Reich befassen, an deren
Geschichte sich exemplarisch die Konjunkturen und Krisen von Stiftungen auf-
weisen lassen.

Die christliche Gemeinde war bei ihren Anfängen auf private Initiative angewiesen gewesen. Sie lebte von den regelmäßigen und außerordentlichen Gaben
und Spenden der Gläubigen.[31] Neben Naturalien legten diese pekuniäre Opfer auf
dem Altar nieder, von denen die Geistlichen und vor allem Arme, Witwen und
Waisen versorgt wurden. Anders als mit dem Geldvermögen verhielt es sich in
vorkonstantinischer Zeit mit den Immobilien. Für ihre Gottesdienste und sonstigen

---

29 Corpus Iuris Civilis, Bd. 2: Codex Iustinianus, hrsg. v. Paul Krueger. Dublin / Zürich
    [14]1967, 38 f. lib. 1, 3, 57 § 3; Übers.: Borgolte, Von der Geschichte des Stiftungsrechts
    (wie Anm. 24), 348.
30 Nach Zachary Chitwood, Periodisierungen. Griechisch-orthodoxe Christen, in: Bor-
    golte (Hrsg.), Enzyklopädie des Stiftungswesens 1 (wie Anm. 11), Berlin 2014,
    299–313, 303, waren nach dem Jahr 900 im Reich von Byzanz keine unabhängigen
    mildtätigen Stiftungen außerhalb des klösterlichen Kontextes mehr zu finden.
31 Vgl. Borgolte, Weltgeschichte als Stiftungsgeschichte (wie Anm. 11), 216–222.

Versammlungen benötigten die römischen Christen die Häuser oder Wohnungen wohlhabender Gemeindemitglieder. Trotzdem ist sicher, dass die Alte Kirche im Besitz gewisser Liegenschaften gewesen ist. In Rom verfügte sie u. a. über eigene Friedhöfe, etwa die Calixtus-Katakombe.

In großem Stil konnte die Kirche erst seit Konstantin dem Großen liegende Güter erwerben. Nachdem er 312 einem Konkurrenten Rom abgenommen und seinen Sieg auf die Hilfe Christi zurückgeführt hatte, stattete er die Kirche mit weitgehenden Rechten an Liegenschaften und die Gemeinde mit Erbfähigkeit aus. Konstantin selbst beteiligte sich an der Entfaltung des Kirchenwesens, indem er zahlreiche neue Bauten schuf, vor allem in Rom selbst, in Jerusalem und in seiner Hauptstadtgründung am Bosporus. Als viel wichtiger für die Geschichte mittelalterlicher Stiftungen erwiesen sich die Klöster; diese gelten geradezu als führender Typ christlicher Stiftungen überhaupt.[32] Zwischen der monastischen Gemeinschaft und der Figur der Stiftung bestand eine Wahlverwandtschaft. Die Interessen von Stifter*innen beziehungsweise von Mönchen und Nonnen konvergierten im Willen zur Dauer. Während die Stifter für den Bestand ihres auf Ewigkeit angelegten Stiftungszwecks auf stabile Gemeinschaften setzen musste, strebten die Insassen der Klöster aus eigenen religiösen Gründen danach, ihre Häuser zu erhalten und ihre Gemeinschaften durch Zuwahl neuer Mitglieder weiterzuführen.

Ebenso wie die caritativen Einrichtungen waren die christlichen Klöster eine Erfindung der Provinz und verbreiteten sich von Syrien und Ägypten aus im Reich; deshalb trat Konstantin selbst auch noch nicht als Klosterstifter hervor. Dann aber ergriffen neben den Kaisern vor allem vermögende „Privatleute" die Initiative. Bis etwa zum Jahr 600 existierten in Konstantinopel schon 150 bis 200 Klöster.[33] Seit der zweiten Hälfte des 6. Jahrhunderts war aber die blühende Stiftungsaktivität schon abgeflaut. Die Konjunktur geriet in eine Krise. Diese war offenbar durch einen demographischen und ökonomischen Niedergang bedingt, der nun durch territoriale Verluste an die neue Macht im ostmediterranen Raum, die islamisierten Araber, verstärkt wurde.[34] Schon vorher hatte Kaiser Herakleios zur Aufrüstung

---

32 Vgl. Michael Borgolte / Zachary Chitwood, Herrscherliche Klosterstiftungen im Westen und in Byzanz. Ein Beitrag zur vergleichenden Reformforschung, in: Falko Daim / Christian Gastgeber / Dominik Heher / Claudia Rapp (Hrsg.), Menschen, Bilder, Sprache, Dinge. Wege der Kommunikation zwischen Byzanz und dem Westen, Bd. 2: Menschen und Worte. (Byzanz zwischen Orient und Okzident. Veröffentlichungen des Leibniz-WissenschaftsCampus Mainz, Bd. 9 2.) Mainz 2018, 51–61.

33 Borgolte, Weltgeschichte als Stiftungsgeschichte (wie Anm. 11), 233; Chitwood, Periodisierungen (wie Anm. 30), 306; John Thomas, Übersicht zu den byzantinischen Quellen, in: Tim Geelhaar / John Thomas (Hrsg.), Stiftung und Staat im Mittelalter. Eine byzantinisch-lateineuropäische Quellenanthologie in komparatistischer Perspektive. (StiftungsGeschichten, Bd. 6.) Berlin 2011, 37–46, 38.

34 Borgolte, Weltgeschichte als Stiftungsgeschichte (wie Anm. 11), 239; Thomas, Übersicht (wie Anm. 33), 39.

gegen die Perser wohl zum ersten Mal Zwangsanleihen bei den „frommen Häusern", also Klöstern und Spitälern, aufgenommen, um das Überleben des Staates zu sichern; auch Justinians „Große Kirche" in Konstantinopel war ihres Schmucks beraubt worden (622). Die Zahl der Klöster ging in Konstantinopel bis Ende des 7. Jahrhunderts auf 50 zurück.

Allerdings war die Krise der frommen Stiftungen in Byzanz wohl nicht nachhaltig. Kaiser Herakleios selbst hatte die Hagia Sophia noch mit jährlichen Zahlungen entschädigt,[35] und es gibt Quellenhinweise, dass auch in okkupierten Gebieten wie Syrien während der ersten Jahrhunderte der islamischen Herrschaft die Klosterstiftungen noch prosperierten. Der syrisch-orthodoxe Bischof Symeon von Harrān (699/700–734) konnte etwa seine Stiftung des Klosters von Qartamin im heutigen Nordirak bedeutend vergrößern; er soll zweitausend Olivenbäume gepflanzt haben, die für seine geistliche Gemeinschaft eine reiche Einnahmequelle darstellten. Christliche Stifter wurden bisweilen sogar von muslimischen Herrschern in ihren Vorhaben unterstützt.

In eine neue Krise geriet das griechisch-orthodoxe Stiftungswesen durch die Bekämpfung des Bilderkults im 8. Jahrhundert. Unter dem ikonoklastischen Kaiser Konstantin V. (741–775) wurden Klöster säkularisiert und Mönchsgemeinschaften vertrieben. Der ikonodule Geschichtsschreiber Theophanes berichtet, dass der Stratege von Thrakesion, Michael Lachanodrakon, seinen Notarios Leon zusammen mit einem entsprungenen Mönch ausgesandt habe; Michael „ließ alle Männer- und Frauenklöster, alle heiligen Geräte, alle Bücher, das Vieh und was sonst noch zum Klosterinventar gehörte, verkaufen und händigte den Erlös dem Kaiser ein. (...). Viele von den Mönchen ließ er durch Geißelung, einige auch durchs Schwert töten, zahllose aber blenden. Einigen ließ er den Bart mit Öl und Wachs bestreichen und dann Feuer daran legen und verbrannte so ihr Gesicht und ihren Kopf. Wieder andere schickte er nach vielen Folterqualen in die Verbannung. Schließlich gestattete er in seinem eigenen Thema (Verwaltungsbezirk) niemandem mehr, Mönchskleider zu tragen. Als das der Kaiser, der Verächter alles Guten, erfuhr, sandte er ihm ein Anerkennungsschreiben, worin stand: ‚Ich habe an dir einen Menschen nach meinem Herzen gefunden, der alle meine Wünsche erfüllt.' Deshalb ahmten ihn andere nach und verübten Ähnliches."[36]

Auch diese Gefahr ging vorüber.[37] Das zweite Konzil von Nicäa machte die Maßnahmen rückgängig. Unter Kaiserin Irene, die um die Jahrhundertwende regierte,

---

35 Thomas, Übersicht (wie Anm. 33), 39. Das Folgende z. T. wörtlich nach Chitwood, Periodisierungen (wie Anm. 30), 307.

36 Text und engl. Übers. bei Geelhaar / Thomas (Hrsg.), Stiftung und Staat im Mittelalter (wie Anm. 33), 330 f. B 7; dt. Übers. nach: Bilderstreit und Arabersturm in Byzanz. Das 8. Jahrhundert (717–813) aus der Weltchronik des Theophanes, übersetzt, eingeleitet und erklärt von Leopold Breyer. (Byzantinische Geschichtsschreiber, Bd. VI.) Graz / Wien / Köln²1964, 96, ad a. 771.

37 Borgolte, Weltgeschichte als Stiftungsgeschichte (wie Anm. 11), 239–241.

ging man dazu über, statt wie bisher die Kirchen, Klöster und caritativen Einrichtungen durch die Erträge einbehaltener Güter, also Renten, durch die Überlassung von Liegenschaften zu fördern. Das scheint wiederum die staatlichen Einnahmen so sehr geschmälert zu haben, dass Irenes Nachfolger entschiedene Gegenmaßnahmen ergriff. Michael I. beanspruchte die kaiserliche Verwaltung kirchlicher Güter und vergab Klöster (als Wirtschaftsgut) an treue Anhänger. Allerdings entschädigte er Kirchen und Klöster durch reiche Geldgeschenke. Als der Ikonoklasmus kurzfristig zurückkam (815–843), wagte aber niemand mehr so gravierende Übergriffe wie in der älteren Phase des Bildersturms. Die ikonoklastischen Kaiser beteiligten sich jetzt selbst am Aufschwung frommer Werke.

Die Zeit bis zur Mitte des 10. Jahrhunderts wurde eine Periode fast ungehemmten Wachstums des Klosterwesens, vor allem verursacht durch private Stiftungen.[38] Diese entzogen sich weitgehend der kaiserlichen und bischöflichen Kontrolle; sie wurden rasch zu einem gravierenden wirtschaftlichen Problem, weil inzwischen Immobilien, nicht Geldeinkünfte, die dominante Basis der Klösterökonomien bildeten. Die Blüte des Stiftungswesens wurde erstmals selbst zur Ursache für eine gesellschaftliche Krise. Ein Konzil musste sich gleichzeitig mit dem Verfall älterer kirchlicher Einrichtungen auseinandersetzen; zum Teil lässt sich dieser mit Bedrohungen durch die Araber und Bulgaren erklären, zum Teil aber auch durch die Nachlässigkeit oder Überforderung der privaten Gründer.

Unter Kaiser Nikephoros II. Phokas (963–969) hatte sich die Krise so zugespitzt, dass der Abfluss wirtschaftlicher Güter an kirchliche Einrichtungen angeblich bereits die Wehrhaftigkeit des Reiches bedrohte. Im ersten Jahr seiner Regierung verbot Nikephoros deshalb jede weitere Stiftung von Klöstern, Fremden- und Altenheimen; ihre Anzahl gehe nämlich bereits in die Tausende und erbringe, abgesehen von der erhofften Gegengabe Gottes, keinen Nutzen mehr. Der Kaiser wollte allerdings nicht die frommen Werke überhaupt bekämpfen, sondern er empfahl den Wohltätern, ihren Besitz zu verkaufen und den Armen zu spenden; diejenigen von ihnen, die mit ihrem Vermögen Klöster oder caritative Einrichtungen gründen könnten, sollten stattdessen den zahlreichen alten, ruiniert darniederliegenden Häusern mit dem Ankauf von Sklaven, Ochsen, Schafen und anderen Tieren helfen. Ausdrücklich verbot er jedermann, Landgüter an Klöster, Spitäler, Metropoliten oder Bischöfe zu schenken. Die Stiftung von Immobilien wurde also bei aller frommen Gesinnung als Gefahr für „Staat" und „Kirche" angesehen, gegen die eine Mobilisierung des Vermögens durch Monetarisierung helfen sollte.

Dem Reformansatz des Nikephoros fehlte es aber an Durchschlagskraft, so dass das Problem der überhandnehmenden kleinen Klosterstiftungen und der damit verbundenen Immobilisierung des Vermögens ungelöst blieb. Der Kaiser betätigte sich sogar selbst als Klosterstifter, und zwar in einem bahnbrechenden Sinne. Unterstützt von einem bedeutenden Abt schuf er auf dem Berg Athos eine

---

38 Ebd., 241 f.

Klostergemeinschaft, die nach seinem ausdrücklichen Willen „frei bleiben und sich selbst regieren" sollte.[39] Diese völlig neue Konzeption eines jeder fremden Gewalt entzogenen Klosters wurde dadurch abgesichert, dass der Mönchsgemeinschaft das Recht zugestanden wurde, die künftigen Klostervorsteher aus ihrer Reihe zu wählen. Zu einer uneingeschränkt freien Stiftung fehlte dem Kloster allerdings noch die Unabhängigkeit von den kaiserlichen Jahreszahlungen.

Der Reichtum der Klöster weckte im Laufe der Zeit wiederholt das Begehren der Kaiser.[40] Als das Reich in Kleinasien durch Turkmenen, auf dem Balkan durch Normannen angegriffen wurde, musste Kaiser Alexios I. 1188 feststellen, dass die Schatzkammern so leer waren, dass er Söldner und Verbündete nicht ausrüsten konnte. Er säkularisierte das Kirchengut unter dem Vorwand, mit der Mitteln eigene Gefangene loszukaufen, wurde dafür aber durch manche Kleriker scharf angegriffen. Die Kritik zugunsten der Stiftungen half, und der Kaiser musste mit teilweise jährlichen Geldzahlungen einen Ausgleich schaffen. Immerhin ging es nur um die Verfügung über mobiles Kirchengut, nicht aber um Liegenschaften, die für den Bestand der Stiftungen essentiell waren.

In der zweiten Hälfte des 11. Jahrhunderts hatten private Wohltäter schon begonnen, wirklich freie Klöster zu gründen. Diese sollten von Anfang an „unabhängig" (*autodespota*) und „selbstregierend" (*autexousia*) sein.[41] Ihre Konzeption ging über die Gründung des Kaisers Nikephoros II. auf dem Athos insofern hinaus, als die Häuser auf einer immobilen Grundlage beruhen und nicht mehr von Rentenzahlungen abhängig sein sollten. Ein Kloster dieses neuen Typs beanspruchte die Freiheit von der Kontrolle durch Bischof und Patriarchen, es verwaltete seine Stiftungsgüter durch eigene Amtsträger ohne Einwirken der Gründerfamilie oder anderer weltlicher Magnaten. Den Stiftern wurde jede finanzielle Nutznießung untersagt, so dass ihnen nur die traditionellen Rechte auf Gedenkmessen, Grablegen und Aufnahme von Familienangehörigen in den Konvent erhalten blieben. Die neuen unabhängigen und selbstverwaltenden Klöster bestanden mehr als hundert Jahre neben der wohl viel größeren Anzahl von Klöstern, die von Laien verwaltet wurden.[42]

Seit der Eroberung Konstantinopels durch die Ritter des Vierten Kreuzzuges 1204 gerieten die Stiftungen und besonders die Klöster des byzantinischen Reiches in größte Bedrängnis.[43] Diese wurde gesteigert durch das Vordringen der Türken im 14. und 15. Jahrhundert, das schließlich zum Ende des Reiches 1453 führte. Die Lateiner hatten allein in Konstantinopel zwanzig Kirchen und dreizehn Klöster unter ihre Kontrolle gebracht, während die griechischen Hospitäler der Einnahme

---

39 Zitiert ebd., 244.
40 Ebd., 247 f.
41 Ebd., 248–255.
42 Thomas, Übersicht (wie Anm. 33), 42.
43 Vgl. Chitwood, Periodisierungen (wie Anm. 30), 308 f.

der Stadt nicht überlebt zu haben scheinen. Vermutlich haben die weiter existie-
renden Stiftungen den größten Teil ihres Vermögens verloren, aber genaue Zahlen
sind nicht überliefert. Nur auf dem Berg Athos konnten sich die Klöster behaupten.
Die dortigen Äbte und Mönche verstanden es sogar, mit den Osmanen rechtzeitig
zu verhandeln, so dass ihre Häuser das Ende des Reiches überstehen konnten.
Kritik am Stiftungswesen hatte es während der gesamten Reichsgeschichte
gegeben;[44] als anstößig wurde immer wieder der Reichtum der Klöster empfunden,
der den Mönchen anscheinend ein Leben in Luxus und Müßiggang erlaubte. Als in
den Jahrhunderten des späten Mittelalters das Reich in seinem Umfang erodierte
und seine materiellen Ressourcen erodierten, spitzte der Denker Georg Gemis-
tos Plethon (gest. 1452) die Einwände in fast unvorstellbarer Weise zu.[45] Plethon
dachte an eine radikale Umkehr zu den heidnischen griechischen Ursprüngen und
wollte auf der Grundlage platonischer Ideen eine neue Gesellschaft schaffen, die
aus Bauern und Soldaten bestünde. Der Polytheismus sollte wieder an die Stelle
des Christentums treten, aber immerhin wollte Plethon Bischöfe und Mönche dul-
den. Die ersten sollten öffentliche Gelder erhalten, die anderen keine Vorteile mehr
genießen: „Diejenigen, die behaupten zu philosophieren [nämlich Mönche], denken, unter dem Vorwand vieles von den Staatsgütern zu erlangen, ohne aber etwas
für das Gemeinwohl zu tun."[46] In der neuen Gesellschaft würde hingegen das vom
Mönchtum bestimmte Stiftungswesen keine Rolle mehr spielen. Die Zeitgenossen
haben anscheinend auf die kühnen Entwürfe dieses Freigeistes gar nicht reagiert.
Die osmanische Obrigkeit duldete zunächst nicht nur die Athosklöster, sondern
auch andere Häuser in Pontos oder auf Patmos. Die Klöster genossen den Status
einer islamischen Stiftung und die Befreiung von Steuern. Die recht günstige Lage
ging erst unter Sultan Selim II. (1566–1574) zu Ende, der massive Konfiskationen
veranlasste.
Auch die moderne Wissenschaft hat sich mit der Frage beschäftigt, welche Rolle
Stiftungen beim Untergang des byzantinischen Reiches gespielt haben.[47] Seit 1948

---

44 Hierzu Zachary Chitwood, Kritik, Reform und Aufhebung. Griechisch-orthodoxe
    Christen, in: Borgolte (Hrsg.), Enzyklopädie des Stiftungswesens 3 (wie Anm. 11),
    Berlin 2017, 395–408, bes. 395–398.
45 Neben Chitwood, Kritik (wie Anm. 44), 397 f., vgl. Michael Borgolte, Christen, Juden,
    Muselmanen. Die Erben der Antike und der Aufstieg des Abendlandes, 300 bis 1400
    n. Chr. München 2006, 523, 539.
46 Zit. nach Chitwood, Kritik (wie Anm. 44), 397.
47 John Thomas, Exkurs: The Charanis Thesis Revisited, in: Geelhaar / Thomas (Hrsg.),
    Stiftung und Staat im Mittelalter (wie Anm. 33), 57–68; Chitwood, Kritik (wie
    Anm. 44), 402; Zachary Chitwood, Gesellschaftlicher Wandel. Griechisch-orthodoxe
    Christen, in: Borgolte (Hrsg.), Enzyklopädie des Stiftungswesens 3 (wie Anm. 11),
    Berlin 2017, 323–333, 330; Ders., Forschungsgeschichte. Griechisch-orthodoxe
    Christen, in: Borgolte (Hrsg.), Enzyklopädie des Stiftungswesens 1 (wie Anm. 11),
    Berlin 2014, 131–145, 138 f.

wird darüber diskutiert, ob sie dem Staat entscheidende Steuereinnahmen für eine effektive Aufrüstung gegen die äußeren Feinde vorenthalten haben. Man hat dazu verschiedene Berechnungen zum Verhältnis der frommen Stiftungen zum Staatshaushalt angestellt, ist aber bisher zu keinem überzeugenden Ergebnis gelangt. Für statistische Untersuchungen reicht das Quellenmaterial einfach nicht aus.

Ich fasse zusammen:

1. Stiftungen sind eine Erscheinung der Universalgeschichte. Allerdings wurden sie nicht überall errichtet, sondern nur unter bestimmten sozialen, ökonomischen und politischen Voraussetzungen. Am Anfang standen wohl Krisen, nämlich die Auflösung traditioneller Lebensgemeinschaften von mehreren Generationen im Zeichen eines Gegensatzes von Stadt und Land in Großreichen.
2. Trotz ihres Anspruches auf ungestörten, dauernden Bestand waren Stiftungen wie alle menschlichen Werke dem historischen Wandel unterworfen. Sie genossen Konjunkturen der breiten Förderung und wurden Opfer von politischen Umbrüchen mit oder ohne Gewaltanwendung. Es gelang allerdings kaum, sie auf Dauer zu verdrängen. Man kann die These wagen, dass Stiftungen, wo sie einmal erfunden oder eingeführt waren, sich unter Kritik behaupteten und nach Krise und Verfall wieder zurückkamen.
3. Wie am Beispiel von Byzanz, dem Römischen Reich des Mittelalters, gezeigt wurde, gab es regelrechte Stiftungskonjunkturen, also Hypes an Gründungen über längere Zeiträume. Diese Erfolge riefen aber auch Gegenbewegungen hervor, so dass Stiftungen Krisen evozierten, in denen sie selbst zugrundegingen.

II. Abstract

In this essay, emeritus Prof. Dr. Michael Borgolte (Humboldt University of Berlin) takes an in-depth look at upturns and downturns within the history of foundations. After some introductory remarks on conceptual semantics, the author depicts in detail historical radical changes that had an influence on foundations and their development. At first Borgolte examines them from a global perspective. Hereby he discovers that foundations were widespread even in cultures of the "Old world". However, they were not set up everywhere, but only under specific social, economic and political circumstances, according to the author. Furthermore, Borgolte explains that despite their requirement for continuance, foundations were subjected to historical changes and experienced stages of broad promotion as well as severe oppression. The author emphasizes that a permanent displacement had never been taken place in any epoch. In the following, Borgolte sketches phases of immense growth concerning foundations based on the example of the Byzantine Empire, which he contrasts with backlashes that occurred, too. The author concludes by summing up the most important perceptions in terms of the varied history of foundations.

Tobias Hueck[*]

(Unternehmens-)Stiftungen krisensicher gestalten aus zivilrechtlicher Sicht

I. Einführung

Unternehmen stehen in diesen Zeiten vor vielfältigen Herausforderungen. Sie reichen von einem zunehmenden Wettbewerbsdruck, der voranschreitenden

[*] Der Autor ist Rechtsanwalt der Sozietät Noerr in München. Der Beitrag beruht im Wesentlichen auf einem Vortrag beim 17. Stiftungsrechtstag der Ruhr-Universität Bochum am 24.02.2023. Der Autor dankt Frau *Daniela Falkenhagen*, ebenfalls Rechtsanwältin bei Noerr, für die Unterstützung bei der Vorbereitung des Vortrags und der Erstellung dieses Beitrags. – Die steuerrechtlichen Aspekte des Themas waren Gegenstand des Vortrags von Judith Mehren.

technologischen Entwicklung, sich verändernden Kundenbedürfnissen und -
erwartungen bis hin zu regulatorischen und geopolitischen Unwägbarkeiten.
Entsprechend bedarf es einer Unternehmensführung, die rasche Entscheidungen
und eine Anpassung an neue Gegebenheiten ermöglicht. Dabei kommt den Eigen-
tümern von Unternehmen entscheidende Bedeutung zu. Die Eigentümerstruktur
kann dem Unternehmen Stabilität verleihen, bei Bedarf schnelle Entscheidungen
mit zugleich langfristiger Ausrichtung ermöglichen und auf diese Weise die Krisenfestigkeit des Unternehmens erhöhen. Wie kann all dies erreicht werden, wenn
Eigentümer des Unternehmens eine Stiftung ist? Und welchen Krisenherausfor-
derungen sehen sich Unternehmensstiftungen selbst ausgesetzt? Nachfolgend
werden anhand konkreter Krisenszenarien einige Überlegungen aus zivilrechtlicher Gestaltungsperspektive dazu angestellt, wie Unternehmensstiftungen Krisen
vorbeugen können und wie die Krise, wenn sie einmal eingetreten ist, bewältigt
werden kann.

1. Begriff der Unternehmensstiftung

Eine Unternehmensstiftung, die auch als unternehmensverbundene Stiftung bezeichnet wird, ist fast in aller Regel eine rechtsfähige Stiftung bürgerlichen Rechts. Die
Besonderheit besteht „lediglich" darin, dass zu dem Vermögen der Stiftung ein Unternehmen bzw. eine oder mehrere Unternehmensbeteiligungen gehören.[1]

Zu unterscheiden ist die Unternehmensstiftung in dem hier verstandenen Sinn
zunächst von der sog. Unternehmensträgerstiftung.[2] Dieser Stiftungsform, bei der
die Stiftung selbst Träger des Unternehmens ist, kommt heutzutage jedoch prak-
tisch keine Bedeutung mehr zu. Teilweise werden unter den Begriff der Unternehmensstiftung auch solche Stiftungen gefasst, die von Unternehmen errichtet und
finanziell ausgestattet worden sind. Dies sind in der Regel gemeinnützige Stiftungen, mit denen Unternehmen ihre soziale Verantwortung verdeutlichen möchten.
Sie werden daher auch *Corporate Responsibility-Stiftungen* genannt. Schließlich ist
die Gruppe der sog. Funktionsstiftungen zu nennen, die z.B. eine Komplementärfunktion bei Kommanditgesellschaften wahrnehmen. Die Zulässigkeit dieser Kons-
truktion wird seit einem in der Gesetzesbegründung zur Stiftungsrechtsreform
geäußerten Vorbehalte gegenüber der Rechtsform der „Stiftung & Co. KG" kontro-
vers diskutiert.[3] Ohne auf die Diskussion an dieser Stelle im Einzelnen einzugehen,

---

1   Zu Verbreitung von Stiftungsunternehmen in Deutschland jüngst Block/Kormann/
    Fathollahi FuS 2023, 52; siehe ferner Stiftung Familienunternehmen (Hrsg.) Stif-
    tungsunternehmen in Deutschland – Gesetzliche Grundlagen, ökonomische Motive,
    Reformvorschläge, erstellt von Habersack und International Performance Research
    Institute (IPRI), 2021; zum Typus unternehmensverbundene Stiftung Fleischer ZIP
    2022, 2045.
2   Muscheler ErbR 2008, 134(135).
3   Zum Stand der Diskussion Theuffel-Werhahn ZStV 2022, 43.

ist zu konstatieren, dass es sich bei der Übernahme der Komplementärstellung durch eine Stiftung um eine sowohl von den Stiftungsbehörden als auch von den Handelsregistern auf breiter Basis anerkannte Gestaltung handelt. Diese sollte auch nach der Stiftungsrechtsreform jedenfalls dann keinen Bedenken begegnen, wenn sich der Stiftungszweck nicht allein auf die Ausübung der Komplementärfunktion beschränkt und die Zweckverwirklichung der Stiftung gesichert ist.[4]

Im Fokus der folgenden Ausführungen stehen diejenigen Stiftungen, die Anteile an einem oder mehreren Unternehmen halten. Hierbei kann es sich um Beteiligungen an Personen- oder Kapitalgesellschaften handeln; sowohl als Mehrheits- als auch als Minderheitsbeteiligung. Häufig sind dies Familienstiftungen, deren Destinatäre Mitglieder der Stifter- bzw. Unternehmerfamilie sind. Anzutreffen sind je doch auch gemeinnützige Stiftungen als Gesellschafter sowie die besondere Konstellation der Doppelstiftung mit einer gemeinnützigen Stiftung und einer Familienstiftung als Gesellschafter.[5]

2. Motive für die Errichtung einer Unternehmensstiftung

Für die Errichtung einer Unternehmensstiftung gibt es verschiedene Beweggründe, die nicht selten zusammentreffen. Den meisten Stiftern geht es primär darum, die langfristige Perspektive und Entwicklung „ihres" Unternehmens abzusichern, dem Unternehmen Stabilität zu verleihen sowie für das Unternehmen und seine Mitarbeiter Kontinuität zu schaffen. Aber auch der Erhalt des eigenen Lebenswerks und damit die Perpetuierung des Unternehmens sind für die Entscheidung zur Stiftungserrichtung oftmals ausschlaggebend. Ein weiteres Motiv kann darin liegen, das Unternehmen vor einer Beteiligungszersplitterung im Rahmen der natürlichen Generationenfolge zu schützen. Generell können mit einer Stiftung Herausforderungen vermieden werden, die mit einer stetigen Vergrößerung des Gesellschafterkreises verbunden sind.[6] Dazu gehören insbesondere bei Familienunternehmen auftretende Gesellschafterkonflikte mit nicht selten fatalen Auswirkungen auf das Unternehmen, aber auch eine bei größeren Gesellschafterkreisen verstärkt zu beobachtende Entfremdung der Gesellschafter vom Unternehmen. Häufig entfachen sich in diesen Unternehmen Meinungsverschiedenheiten am Thema der Gewinnausschüttungen. Ferner erwächst im Laufe der Zeit bei einzelnen Gesellschaftern oft der Wille, aus dem Unternehmen auszuscheiden. Ein Ausscheiden wiederum bedeutet in der Regel einen Abfluss von Liquidität beim Unternehmen, zum einen, weil die Mitgesellschafter den Kaufpreis nicht aufbringen können und

---

4   So auch Schwalm ZEV 2021, 68 (72).

5   Dazu siehe unter III.2.

6   Zu den Herausforderungen wachsender Gesellschafterkreise und möglichen Gestaltungen Hueck/Tommaso Innovative Gestaltungen zur Incentivierung und Neuordnung des Gesellschafterkreises von Familienunternehmen, in: Schriftenreihe des Kirsten Baus Instituts für Familienstrategie 2023, Heft 40.

die Anteile zum anderen auch nicht frei an (familienfremde) Dritte veräußerbar sind; es bleibt dann nur die Abfindung des ausscheidenden Gesellschafters aus Mitteln des Unternehmens. Mit einer Stiftung als (Allein-) Gesellschafter lassen sich derartige Szenarien vermeiden. Gar nicht selten liegt der Fall aber auch so, dass der Unternehmer gar keinen Nachfolger und mithin gar nicht die Option hat, das Unternehmen innerhalb der Familie weiterzugeben. Der Unternehmer steht dann häufig vor der Frage, ob er das Unternehmen verkauft oder eben in eine Stiftung überführt. Obwohl auch bei Familienunternehmern die Verkaufsbereitschaft tendenziell zunimmt, sehen viele Unternehmer den Erhalt ihres Lebenswerks durch eine Stiftungslösung eher gewährleistet.

3. Krisenszenarien

Nachfolgend werden drei Krisenszenarien und jeweils mögliche zivilrechtliche Gestaltungen zur Prävention und Abhilfe in den Blick genommen. Zunächst soll es um Krisen gehen, die vor oder während der Stiftungserrichtungsphase eintreten, also in der Zeit, in der die Stiftung noch gar nicht existiert. Zu solchen Entstehungskrisen im Rahmen der Stiftungserrichtung kann es insbesondere aufgrund von Erbstreitigkeiten kommen oder weil der Stiftung die behördliche Anerkennung versagt wird. Eine weitere Konstellation betrifft Krisen im Unternehmen, die Auswirkungen auf die Stiftung als Gesellschafterin haben und zur Krise bei der Stiftung selbst führen. Eine Krise im Unternehmen kann schlimmstenfalls die Stiftung in ihrem Bestand gefährden. Dazu kann es kommen, wenn das Unternehmen keine Gewinne mehr erwirtschaftet, Ausschüttungen unterbleiben und die Stiftung infolgedessen ihren Stiftungszweck nicht mehr verwirklichen kann. Schließlich sollen Krisen in den Blick genommen werden, die ihren Ursprung auf der Ebene der Stiftung haben und beispielsweise in unzureichenden Governance-Strukturen der Stiftung begründet liegen.

II. Entstehungskrise – Gestaltung der Stiftungserrichtung

1. Gestaltungsansätze zur Vermeidung einer Entstehungskrise

Zur Vermeidung einer Entstehungskrise empfiehlt es sich, die Struktur der künftigen Stiftung im Stiftungsgeschäft so präzise wie möglich zu regeln. Insbesondere sollte die Governance der Stiftung, d.h. deren Führungs- und Kontrollstruktur, im Detail festgelegt werden. Als besonders neuralgisch erweist sich häufig die personelle Besetzung der Stiftungsorgane. Daher sollten im Stiftungsgeschäft unbedingt bereits die initialen Mitglieder sowohl des Stiftungsvorstands als auch des – in der Regel empfehlenswerten – Kontrollorgans bestimmt werden. Sollte dies noch nicht möglich sein, ist zumindest ein klares Verfahren zur Besetzung der Stiftungsorgane vorzusehen einschließlich etwaiger Benennungs- und Kooptationsrechte. Dies gilt in besonderer Weise, wenn Organe der Stiftung mit Familienangehörigen des Stifters besetzt werden sollen; denn in diesen Fällen ist das Konfliktpotential bei nicht hinreichend klaren Regelungen zur Besetzung erfahrungsgemäß besonders groß. Ein weiterer wichtiger Gestaltungsaspekt betrifft die Abstimmung zwischen Stiftungsgeschäft und den gesellschaftsrechtlichen Rahmenbedingungen des Unternehmens. Die gesellschaftsvertraglichen Nachfolgeklauseln sind so auszugestalten, dass der Anteilserwerb durch die Stiftung zulässig ist. Gerade bei Familienunternehmen ist der Kreis der zugelassenen Nachfolger zumeist auf Abkömmlinge begrenzt, weshalb es häufig einer Anpassung des Gesellschaftsvertrags bedarf, wenn die Einbringung einer Beteiligung in eine Stiftung beabsichtigt ist. Besonders in verzweigten Familienkonzernen, bei denen der Unternehmer nicht selten an diversen Gesellschaften persönlich beteiligt ist, ist genau zu bestimmen, welche Beteiligungen an die Stiftung gehen sollen. Es sind dann jeweils die gesellschaftsrechtlichen Voraussetzungen für den Erwerb durch die Stiftung zu schaffen. Im Übrigen sind auch Change of Control-Klauseln (wie sie z.B. in Finanzierungs-, Liefer- oder auch Geschäftsführerdienstverträgen anzutreffen sind) so abzufassen, dass die Einbringung der Anteilsmehrheit in eine Stiftung keinen Kontrollwechsel bedeutet, welcher den Vertragspartner ggf. zur Kündigung des Vertragsverhältnisses berechtigt.

Die Übertragbarkeit der Anteile auf die gewünschte Stiftung muss insbesondere auch für den Fall sichergestellt sein, in dem die Anteile der Stiftung von Todes wegen durch Vermächtnis zugewendet werden. In diesem Fall ist auch unbedingt zu verfügen, wem die noch nicht ausgeschütteten, aber ggf. bereits erwirtschafteten Gewinne des Unternehmens zugewiesen sind. Über diese in der Praxis viel zu häufig übersehene Frage kann es zwischen Erben und der Stiftung als Vermächtnisnehmerin sonst leicht zu Meinungsverschiedenheiten kommen. Wenn sich diesbezüglich kein Erblasserwille feststellen lässt, gilt als gesetzliche Auffangregelung § 101 Nr. 2 Hs. 2 BGB, der eine zeitanteilige Berechtigung anordnet.[7] In diesem Fall können Ausgleichsansprüche zwischen den Erben und der Stiftung als Vermächtnisnehmerin entstehen. Komplizierte steuerliche Folgefragen erhöhen das Konfliktpotential zusätzlich.

Weiterhin bedarf es einer Strategie, um Pflichtteilsansprüche und auch insoweit eine Entstehungskrise zu vermeiden. Wendet der Stifter seine Unternehmensbeteiligungen einer Stiftung zu, entzieht er diese Vermögenssubstanz seiner Familie und damit seinen gesetzlichen Erben als zugleich Pflichtteilsberechtigten. In der Folge können diesen Pflichtteilsberechtigten Pflichtteils- und Pflichtteilsergänzungsansprüche gemäß §§ 2303 ff. BGB zustehen. Besondere Bedeutung erlangt bei der lebzeitigen Zuwendung die (umstrittene) Frage, ob die sog. Abschmelzung gemäß § 2325 Abs. 3 BGB zum Tragen kommt, sich der Pflichtteil also über zehn Jahre seit

---

7 DNotI-Report 2002, 131 (132); jurisPK-BGB/Reymann, 9. Aufl. 2020, BGB § 2184 Rn. 4 f.

der Zuwendung linear reduziert.[8] So wird etwa vertreten, dass die Abschmelzung dann nicht zu laufen beginne, wenn der Stifter sich selbst Einfluss auf die Stiftung vorbehält[9] oder er mehr oder jedenfalls deutlich mehr als 50 % der Erträge der Stiftung erhält.[10] Zur Vermeidung von Rechtsunsicherheiten sollte daher soweit möglich vorgesehen werden, die Pflichtteilsberechtigten mit anderweitigem Vermögen zu bedenken oder – als sicherster Weg – mit ihnen einen Pflichtteilsverzicht zu vereinbaren.

Wie Vorstehendes zeigt, gehört es zu den essentiellen Maßnahmen, die Einbringung einer Unternehmensbeteiligung in eine Stiftung frühzeitig sowohl mit möglichen Pflichtteilsberechtigten als auch mit etwaigen Mitgesellschaftern abzustimmen, um eine Entstehungskrise zu vermeiden. Aber auch die weiteren Stakeholder des Unternehmens sind, jedenfalls wenn die Stiftung einen maßgeblichen Einfluss auf das Unternehmen erlangen wird, frühzeitig auf die Stiftungslösung vorzubereiten. Insbesondere wenn es um eine Nachfolge von Todes wegen geht, sollten im Sinne des Unternehmens Schwebezustände oder gar ein Interregnum vermieden werden. Denn nach einem Wegfall der Unternehmerpersönlichkeit herrscht im Unternehmensumfeld ohnehin häufig eine gewisse Unsicherheit über die Zukunft des Unternehmens, die nicht zusätzlich verstärkt werden sollte. Eine proaktive und frühzeitige Abstimmung und Kommunikation der Nachfolgeplanung im Gesellschafterkreis und im Unternehmen, unter Umständen auch gegenüber der Öffentlichkeit, kann dazu beitragen, eine Entstehungskrise zu vermeiden. In besonderer Weise gilt dies, wenn es sich um Ankerbeteiligungen an börsennotierten Gesellschaften handelt; wenn das Einbringungsvorhaben des Großaktionärs hinreichend konkret ist und dem Unternehmen bekannt wird, kann sogar bereits in der Konzeptionsphase eine Pflicht des Unternehmens zur Abgabe einer Ad-hoc-Mitteilung entstehen.

Schließlich kann es auch bei der behördlichen Anerkennung, die für die Entstehung der Stiftung stets erforderlich ist, zu Komplikationen kommen. Grundsätzlich ist die Stiftung zwar anzuerkennen, wenn die gesetzlichen Voraussetzungen erfüllt sind. Die Erfahrung zeigt jedoch, dass im Rahmen der Abstimmung mit der Stiftungsbehörde nicht selten noch kleinere oder größere Änderungen insbesondere in der Stiftungssatzung notwendig werden. Bei gemeinnützigen Stiftungen sind überdies die besonderen Anforderungen des Gemeinnützigkeitsrechts zu wahren, was sogar die vorherige Einholung einer verbindlichen Auskunft der Finanzverwaltung notwendig oder sinnvoll machen kann. In Sonderfällen können sich behördliche Anforderungen nochmals verschärfen, z.B. wenn eine bedeutende Beteiligung (mindestens 10 % des Kapitals oder der Stimmrechte) an einem regulierten Unternehmen, etwa an einer Bank, einem Vermögensverwalter oder einer

---

8   Zum Streitstand Schauer npoR 2018, 49.

9   Dannecker DStR 2023, 1057 (1060) m.w.N.

10 Schewe/Hermes RFamU 2022, 158 (162).

Versicherung, in eine Stiftung eingebracht werden soll. In diesem Fall prüft nämlich die Bundesanstalt für Finanzdienstleistungsaufsicht (BaFin) im Rahmen des Inhaberkontrollverfahrens u. a. die Governance und die finanzielle Solidität der Stiftung als Erwerberin. Soweit die BaFin dabei auch auf die Fähigkeit der Stiftung abstellt, Kapitaleinlagen oder Nachschüsse zu leisten, besteht dafür keine gesetzliche Grundlage. Die klare gesetzgeberische Intention auch bei der Änderung des § 104 VAG im Jahr 2004 war, dass mit der Neureglung gerade kein „über das Aktienrecht hinausgehender Haftungstatbestand für Anteilseigner (...) geschaffen werden soll".[11] Gemeinnützige Stiftungen haben freilich weiterhin die Vorgaben des Gemeinnützigkeitsrechts einzuhalten. Ein frühzeitiger Dialog mit den relevanten Behörden ist dringend zu empfehlen.

Beim Stiftungsgeschäft von Todes wegen ist die Anordnung von (Abwicklungs-)Testamentsvollstreckung empfehlenswert, so dass der Testamentsvollstrecker die behördliche Anerkennung einholen und dazu ggf. erforderliche Satzungsanpassungen vornehmen kann.

2. Vorteile der Stiftungserrichtung unter Lebenden

Es gibt zwei Möglichkeiten der Stiftungserrichtung: entweder unter Lebenden oder von Todes wegen. Der wesentliche Vorteil der Errichtung von Todes wegen liegt darin, dass der Unternehmer sich bis zuletzt nicht festlegen muss und das Konzept bis dahin relativ leicht ändern kann, was in der Praxis auch häufig der Fall ist.

Dennoch überwiegen in der Regel die Vorteile der Errichtung unter Lebenden. Zum einen kann der Stifter etwaige behördliche Beanstandungen selbst behandeln. Er kann die Stiftungsarbeit zudem für eine gewisse Phase selbst mitprägen. Das hat dann insbesondere bei Eintritt des Nachfolgefalls den Vorteil, dass bestenfalls eine gelebte und erprobte Stiftungskonstruktion besteht und die Nachfolgesituation, die zumeist ohnehin von Unsicherheiten und einem Umbruch geprägt ist, nicht mit zusätzlichen Unsicherheiten belastet ist. Auch Korrekturen im Hinblick auf die Organisation und die Besetzung der Organe sind leichter möglich. Wenn der Unternehmer die Stiftung nicht selbst beherrscht und nicht einen überwiegenden Anteil der Zuflüsse aus der Stiftung erhält, besteht bei frühzeitiger Übertragung zudem die Möglichkeit, Pflichtteilsergänzungsansprüche zu vermeiden oder diese zumindest zu reduzieren.[12]

Kurzum: Die Stiftungserrichtung unter Lebenden verringert nicht nur das Umsetzungsrisiko, sondern vergrößert auch den Gestaltungsspielraum. Ein häufig gewählter Zwischenweg liegt darin, die Stiftung unter Lebenden zu errichten und erst einmal mit einem geringen Kapital auszustatten und dann später weiteres

---

11 BT-Drs. 15/3976, 34; vgl. auch Bähr VAG-Hdb/Deckers, 2011, § 30 Rn. 50; näher zum Nichtbestehen einer Eintrittspflicht der Aktionäre im Kontext von Versicherungsunternehmen Prölss/Dreher/Schaaf VAG, 13. Aufl. 2018, VAG § 134 Rn. 25.
12 Dazu siehe bereits oben unter II.1.

substanzielles Vermögen, insbesondere die Unternehmensbeteiligung, von Todes wegen zuzuwenden.

III. Krise im Unternehmen – Gestaltung des Einflusses der Stiftung

1. Einfluss der Unternehmensstiftung auf das Unternehmen

Die Ursachen von Krisen in Unternehmen sind vielfältig: Die Krise kann „hausgemacht" sein (z.B. Managementfehler, fehlende Anpassung an Marktveränderungen etc.) oder auf äußeren Faktoren beruhen (z.b. plötzlicher Ausfall von Lieferanten, Veränderung der wirtschaftlichen Rahmenbedingungen, etc.) – und nicht selten trifft sogar beides zusammen. Für die Prävention wie auch die Bewältigung von Krisen des Unternehmens ist es von essentieller Bedeutung, wie die Stiftung ihren Einfluss als Gesellschafterin auf „ihr" Unternehmen ausübt.

Für die Gestaltung des Einflusses der Stiftung auf das Unternehmen ist vor allem das Verbot der Selbstzweckstiftung zu beachten.[13] Demnach darf der Zweck der Stiftung sich nicht in der Erhaltung und Mehrung des Stiftungsvermögens erschöpfen, sondern muss einen außerhalb dessen liegenden Zweck haben (Verbot der offenen Selbstzweckstiftung). Nach wohl überwiegender Auffassung sollen auch Konstruktionen stiftungsrechtlich unzulässig sein, bei denen die Stiftung zwar einen privat- oder gemeinnützigen und über die Erhaltung des Unternehmens hinausgehenden Zweck hat, dieser Zweck jedoch nur eine deutlich untergeordnete Bedeutung einnimmt (Verbot der verdeckten Selbstzweckstiftung). Kritik erfahren unter diesem Aspekt insbesondere Doppelstiftungslösungen.[14] Die Diskussion soll an dieser Stelle nicht im Einzelnen nachgezeichnet werden. Es ist jedoch festzuhalten, dass Unternehmen und Stiftung trotz ihres notwendigerweise unterschiedlichen Zwecks durchaus ein gemeinsames Interesse am langfristigen und erfolgreichen Unternehmenserhalt haben können – und haben sollten. Denn eine Krise des Unternehmens kann die Zweckerfüllung der Stiftung gefährden. Unter diesen Vorzeichen liegt die zentrale Gestaltungsaufgabe darin, die Einflussnahme der Stiftung auf das Unternehmen zu deren beider Wohl und unter Wahrung der stiftungsrechtlichen Anforderungen auszutarieren. Maßgeblich für die Gestaltung des Einflusses der Stiftung auf das Unternehmen ist dabei das für das jeweilige Unternehmen geltende Gesellschaftsrecht.

Besonderheiten ergeben sich wiederum bei gemeinnützigen Stiftungen. Nimmt eine gemeinnützige Stiftung entscheidenden Einfluss auf die laufende

---

13 Hierzu ausführlich MüKoBGB/Weitemeyer, 9. Aufl. 2021, BGB § 80 Rn. 127, 206 ff.; MHdB GesR V/Gummert, 5. Aufl. 2021, § 81 Rn. 10 ff.
14 Dazu siehe nachfolgend unter III.2.

Geschäftsführung einer Kapitalgesellschaft, kann die Beteiligung als wirtschaftlicher Geschäftsbetrieb zu qualifizieren sein, so dass die Beteiligungserträge nicht mehr steuerfrei sind. Auch deshalb ist zu vermeiden, dass die Geschäftsführungsorgane der Stiftung und der Kapitalgesellschaft personenidentisch besetzt sind und dadurch tatsächlich fortlaufend Einfluss auf das Tagesgeschäft genommen wird.[15]

2. Doppelstiftung

Ein erprobtes Gestaltungsmodell, um die Vorteile sowohl einer Familienstiftung als Beteiligungsträgerstiftung (wie Stabilität und Kontinuität) als auch einer gemeinnützigen Stiftung (insbesondere die Begünstigungen bzgl. der Erbschaft- und Schenkungsteuer und Spendenabzug) zu nutzen, ist die sog. Doppelstiftung.[16] Cum grano salis wird bei einer Doppelstiftung das Vermögen von der gemeinnützigen Stiftung und das Stimmrecht von der privatnützigen Familienstiftung gehalten. Wie bereits angedeutet, ist das Konstrukt der Doppelstiftung im Hinblick auf das Verbot der Selbstzweckstiftung in der Literatur nicht unumstritten. Gleichwohl handelt es sich um ein in der Praxis anerkanntes Gestaltungsmodell. Richtigerweise begegnet die Doppelstiftung jedenfalls dann keinen Bedenken, wenn die stimmrechtslose, gemeinnützige Stiftung aus ihrer Beteiligung ausreichend Mittel erhält, um ihren Zweck zu verwirklichen.[17] Dies lässt sich beispielsweise durch eine im Gesellschaftsvertrag festgeschriebene Mindestausschüttung zusätzlich absichern.

3. Gestaltung der Gesellschafterstruktur und Gesellschafterrechte

Bei der konkreten Gestaltung der Gesellschafterstruktur sowie der Gesellschafterrechte der Stiftung auf Ebene des Unternehmens sind zwei Konstellationen zu unterscheiden. Zunächst gibt es den Fall, dass die Stiftung Mehrheits- oder Alleingesellschafterin ist. Hier ergeben sich die gesellschaftsrechtliche Stellung und die Einflussmöglichkeit der Stiftung aus der Beteiligung und den damit verbundenen Gesellschafterrechten, insbesondere aus den Stimmrechten, bereits aus dem Gesetz.

Eine aus Gestaltungssicht anspruchsvollere Konstellation besteht, wenn die Stiftung Minderheitsgesellschafterin ist, also weitere Mitgesellschafter existieren. Insbesondere Gesellschafter ohne Nachkommen hegen oft den Wunsch, ihre

---

15 Zu dieser Thematik eingehend Kraus/Mehren DStR 2020, 1593.
16 MHdB GesR V/Gummert § 81 Rn. 210 ff.; Muscheler ErbR 2008, 134 (135 f.); Richter StiftungsR-HdB/Richter, 2019, § 11 Rn. 153 ff.
17 So etwa auch Habersack in Stiftung Familienunternehmen (Hrsg.) Stiftungsunternehmen in Deutschland – Gesetzliche Grundlagen, ökonomische Motive, Reformvorschläge S. 84 f.

Anteile in eine gemeinnützige Stiftung einzubringen. In Familienunternehmen mit mehreren Gesellschaftern begegnet die Einsetzung einer Stiftung als Nachfolgerin einzelner Gesellschafter jedoch regelmäßig Bedenken, weil der damit potentiell verbundene Einfluss eines (familienfremden) Stiftungsvorstands mit Argwohn betrachtet wird; zumal der Anteil der Stiftung nicht in der weiteren Generationenfolge weiter zersplittert und der Einfluss der Stiftung damit auf lange Sicht eher zunimmt. Andererseits können das Unternehmen und die Mitgesellschafter durch eine Stiftungslösung vor Abfindungsbelastungen und Steuerfolgen aufgrund einer Kündigung geschützt werden. Eine unselbstständige Stiftung in Trägerschaft einer gemeinnützigen Stiftungs-GmbH, die ihrerseits unter Leitung des Unternehmens oder der übrigen Gesellschafter steht, kann in manchen Fällen einen gangbaren Kompromiss darstellen.[18]

Die Gesellschafterrechte der Stiftung, insbesondere die Stimm- und Gewinnbezugsrechte, sind gerade bei der Familienstiftung als Minderheitsgesellschafterin von maßgeblicher Bedeutung. Aus Gestaltungssicht stellt sich die Frage, ob und welche qualifizierten Minderheitenrechte der Stiftung eingeräumt werden sollen. Das gesellschaftsrechtliche Gestaltungsspektrum ist hier weit. So kann der Einfluss einer Stiftung beispielsweise dadurch abgesichert werden, dass sie – auch wenn sie nicht die Kapitalmehrheit hält – die Mehrheit der Anteile an der Komplementärgesellschaft erhält. Insbesondere bei der Kommanditgesellschaft auf Aktien entspricht dies einer erprobten Gestaltung. Ebenso können der Stiftung im Gesellschaftsvertrag Sonderrechte eingeräumt werden wie beispielsweise Vetorechte, Zustimmungsvorbehalte, Mehrfachstimmrechte oder Entsenderechte in die Gremien.[19] Auch eine Mindestausschüttung kann opportun sein. Unter Umständen kommt sogar in Betracht, eine disquotale Gewinnausschüttung zugunsten der Stiftung gesellschaftsvertraglich vorzusehen – dies natürlich unter Beachtung steuerlicher Implikationen.

Die skizzierten Möglichkeiten bilden eine Art „Instrumentenkasten", dessen man sich bedienen kann, um den Einfluss einer (Familien-) Stiftung auf Gesellschaftsebene zu strukturieren. Durch Nutzung dieser Instrumente kann der Stiftung auch als Minderheitsgesellschafterin eine Stellung eingeräumt werden, die dem Unternehmen langfristig Stabilität verleiht und auf diese Weise zur Krisenfestigkeit beiträgt.

Für gemeinnützige Stiftungen gelten wiederum Besonderheiten. Zur Vermeidung der Qualifikation als wirtschaftlicher Geschäftsbetrieb werden regelmäßig keine Sonderrechte zur Sicherung des Einflusses vorgesehen. Insbesondere im Rahmen der Doppelstiftung wird das Stimmrecht der gemeinnützigen Stiftung typischerweise vollständig ausgeschlossen, um die klare Trennung zwischen gemeinnütziger Zweckverfolgung und Unternehmensführung zu statuieren.

---

18 Hoffmann-Becking ZHR 178 (2014) 491 (494 f.).
19 Von Oertzen/Reich DStR 2017, 1118 (1123).

4. Wahrnehmung des Einflusses der Unternehmensstiftung

Mit Blick auf mögliche Krisen im Unternehmen soll schließlich beleuchtet werden, wie die Stiftung ihren Einfluss auf Unternehmensebene konkret ausüben kann, um Krisen zu verhindern oder zu bewältigen.

a) Personalkompetenz

An erster Stelle ist dabei die Einwirkung auf die Unternehmensstrategie durch Ausübung der Personalkompetenz zu nennen. Die Stiftung kann aufgrund ihrer Rechte als Gesellschafterin regelmäßig (mit)bestimmen, wer den Führungs- und Kontrollorganen des Unternehmens angehört. Gerade bei Stiftungsunternehmen, die aus einem Familienunternehmen entstanden sind, entspricht es häufiger Praxis, dass Familienrepräsentanten sowohl in den Gremien auf Unternehmens- als auch auf Stiftungsebene vertreten sind. Letztlich ist für jeden Einzelfall die Frage zu beantworten, inwieweit eine (teil)personenidentische Besetzung der Organe zweckmäßig ist. Hierbei kommt es u. a. darauf an, welcher Kompetenzen es auf Ebene des Unternehmens bedarf und inwieweit diese beispielsweise von Vertretern der Stifterfamilie abgebildet werden können. Umgekehrt kann eine Besetzung der Organe gänzlich unabhängig voneinander und ohne personelle Überschneidungen eine weitgehende Verselbstständigung der Organe zur Folge haben und unter Umständen dazu führen, dass die Sicht des Unternehmens auf Ebene der Stiftung nicht hinreichend präsent ist. Auch vor diesem Hintergrund sprechen häufig gute Gründe für zumindest teilidentische Besetzungen der Gremien. Umgekehrt spricht gegen identische Organbesetzungen, dass dadurch der Anschein einer verdeckten Selbstzweckstiftung erweckt werden könnte, was den Bestand der gewählten Gestaltung stiftungsrechtlich gefährden kann. Auch vor diesem Hintergrund erweisen sich teilidentische Besetzungen häufig als sachgerecht. Von Bedeutung ist es im Hinblick auf Doppelmandate, etwa in den Geschäftsordnungen der jeweiligen Organe, Regelungen zur Identifikation und zum Umgang mit Interessenkonflikten vorzusehen.

Demgegenüber sind bei gemeinnützigen Stiftungen jedenfalls personenidentische Besetzungen der Geschäftsführungsorgane der Stiftung und des Unternehmens zu vermeiden, damit die Beteiligung der Stiftung nicht als steuerpflichtiger wirtschaftlicher Geschäftsbetrieb qualifiziert wird. Dies bedeutet aber freilich nicht, dass per se keine Unternehmensvertreter den Organen der Stiftung angehören dürfen. Etwa ist eine identische Besetzung des Kontrollgremiums einerseits und des Geschäftsführungsorgans andererseits nicht von vornherein schädlich.[20]

---

20 Kraus/Mehren DStR 2020, 1593 (1595); Theuffel-Werhahn ZStV 2017, 1 (9).

b) Unternehmensfinanzierung

Besondere Bedeutung kommt in der Krise zudem dem Thema Unternehmensfinan-
zierung zu. Dies insbesondere vor dem Hintergrund, dass Stiftungsunternehmen
in der Regel über keinen Kapitalmarktzugang verfügen und auf die Innen- und
Fremdfinanzierung angewiesen sind. Daher kommt es darauf an, die insoweit teils
gegenläufigen Interessen von Stiftung und Unternehmen in Einklang zu bringen: einerseits das Interesse des Unternehmens an möglichst hoher Thesaurierung
und andererseits das Interesse der Stiftung an Ausschüttungen. Auch an dieser
Stelle ist es hilfreich, sich vor Augen zu führen, dass Unternehmen und Stiftung
trotz unterschiedlicher Zwecksetzungen ein gemeinsames Interesse an der nachhaltig erfolgreichen Entwicklung des Unternehmens haben (sollten). Auch um eine
jährliche wiederkehrende Auseinandersetzung mit diesem Thema zu vermeiden,
kann sich die Festlegung einer festen Ausschüttungsquote empfehlen, ggf. auch
verbunden mit einer Mindestausschüttung, um die Zweckerfüllung der Stiftung zu
gewährleisten. Dies schließt es jedoch nicht aus, eine Härtefallregelung für den Fall
vorzusehen, dass das Unternehmen in finanzielle Schieflage gerät. Fehlt es daran
im Gesellschaftsvertrag, müssen die Stiftungsorgane nach hier vertretener Auffassung im Krisenfall darüber hinaus sogar berechtigt sein, auf eine Ausschüttung
zu verzichten; immer vorausgesetzt, dass die Zweckerfüllung der Stiftung dadurch
nicht gefährdet wird und ein vorübergehender Verzicht auf Ausschüttungen der
Stärkung des Unternehmens und damit zugleich der Sicherung einer dauerhaften
und nachhaltigen Zweckerfüllung der Stiftung dient. Im Übrigen kann die Stiftung
durch Ausübung ihrer Gesellschafterrechte sowie der Personalkompetenz entsprechend Einfluss auf die Finanzplanung und Rücklagenbildung des Unternehmens
nehmen und auch auf diese Weise helfen, Krisen zu vermeiden und zu bewältigen.

Im Übrigen kommen auch die Beteiligung der Stiftung an Kapitalerhöhungen
und die Ausgabe von Gesellschafterdarlehen an das Unternehmen in Betracht. Aus
Gestaltungssicht sollte die Möglichkeit zur Teilnahme der Stiftung an Kapitalerhöhungen in der Stiftungssatzung eröffnet werden. Dabei ist insbesondere auch zu
regeln, ob dies nur zum Erhalt der Beteiligungsquote oder auch darüber hinaus
gilt. Ferner kommt in Betracht, dass eine Familienstiftung Rücklagen für die finanzielle Unterstützung des Unternehmens bildet. Bei sämtlichen Kapitalmaßnahmen
ist allerdings besonderes Augenmerk darauf zu richten, dass die Bedingungen
fremdüblich sind; anderenfalls machen sich die Stiftungsorgane angreifbar und
unter Umständen sogar schadensersatzpflichtig. Zudem sind bei Kapitalmaßnahmen natürlich die steuerlichen Implikationen zu beachten.

Bei gemeinnützigen Stiftungen sind die Möglichkeiten zur finanziellen Unterstützung des Unternehmens restriktiver aufgrund des dort geltenden Grundsatzes
der zeitnahen Mittelverwendung sowie des Gebots der Ausschließlichkeit.

c) Unternehmenskauf und -verkauf

Ein weiteres Szenario, das in der Krise relevant werden kann, ist der Verkauf des Unternehmens. Sinn und Zweck der Einbringung in eine Stiftungsstruktur ist häufig gerade der dauerhafte Erhalt des Unternehmens. Dem steht ein Verkauf des Unternehmens prima facie entgegen. Andererseits können regelmäßig Situationen entstehen, in denen sehr gute Gründe für den Verkauf eines Unternehmens sprechen. Man denke beispielsweise daran, dass die Branche eines Unternehmens einer erheblichen Transformation unterliegt und das Unternehmen diese aus eigener Kraft nicht zu stemmen vermag. Hier kann der Verkauf im Einzelfall sogar die verantwortungsbewusstere Entscheidung gegenüber der Fortführung sein. Vorrangig sind für die Frage der Zulässigkeit eines Verkaufs die Bestimmungen der Stiftungssatzung maßgeblich. Hierzu empfehlen sich aus Gestaltungssicht detaillierte Regelungen in der Satzung. So kann die Veräußerung des Unternehmens als Ganzes oder in Teilen – letzteres ist insbesondere bei Unternehmen mit mehreren Geschäftsbereichen relevant – in der Satzung unter qualifizierten Voraussetzungen zugelassen werden wie etwa bestimmten Mehrheitserfordernissen in den Stiftungsgremien. Angesichts der Schnelllebigkeit des Wirtschaftslebens nicht zu empfehlen ist ein striktes Veräußerungsverbot. Dieses kann im schlechtesten Fall sogar den Bestand der Stiftung gefährden, wenn nämlich die Stiftung sich nicht vom Unternehmen lösen kann, obwohl dies unter wirtschaftlichen Gesichtspunkten geboten erscheint.

Fehlt es an einer entsprechenden Regelung in der Satzung führt die übliche Widmung der Unternehmensbeteiligung zu Grundstockvermögen zumindest nicht per se zu einem Veräußerungsverbot. Der im Rahmen der Stiftungsrechtsreform in § 83c Abs. 1 S. 1 BGB neu niedergelegte Erhaltungsgrundsatz bezieht sich nämlich auf das Grundstockvermögen als Ganzes und nicht auf einzelne Vermögensgegenstände, d.h. die Zusammensetzung des Grundstockvermögens kann durchaus geändert werden (sog. Umschichtungen).[21]

Es lassen sich auch immer wieder Situationen beobachten, etwa im Rahmen von Konsolidierungstrends bestimmter Branchen, in denen Unternehmen zur Erhaltung der Wettbewerbsfähigkeit selbst Akquisitionen tätigen müssen, weil sie das erforderliche Wachstum organisch nicht erzielen können. Für diese Fälle empfiehlt es sich, den Hinzuerwerb weiterer Unternehmen in der Stiftungssatzung zuzulassen; und zwar auch gegen Gewährung von Anteilen am Beteiligungsunternehmen unter Inkaufnahme einer Verwässerung der Beteiligung der Stiftung. Selbstverständlich können für derartige Transaktionen ebenfalls qualifizierte Voraussetzungen in der Stiftungssatzung vorgesehen werden. Somit kann eine vorausschauende Satzungsgestaltung auf vielfältige Weise zur Krisenfestigkeit von Unternehmen und Stiftungen beitragen.

---

21 Schuck/Medinger ZEV 2021, 298 (300).

IV. Krise in der Stiftung – Gestaltung der Binnenstruktur

Schließlich ist die mögliche „Krise in der Stiftung" in den Blick zu nehmen. Im Fokus stehen dabei Aspekte der Führung und Kontrolle der Stiftung und damit die sog. Foundation Governance. Essentiell ist es dabei auch, die Handlungsfähigkeit der Stiftung und ihrer Organe auch für den Krisenfall zu bewahren. Wiederum durch Gestaltung ist sicherzustellen, dass die Stiftungssatzung anpassungsfähig bleibt.

1. Führung und Kontrolle der Stiftung

Die vorrangige Aufgabe zur Gestaltung auf Stiftungsebene liegt darin, eine professionelle Führungs- und Kontrollstruktur sicherzustellen, um einerseits die langfristige Erfüllung des Stiftungszwecks zu erreichen und andererseits dem Interesse der Stiftung an einer erfolgreichen Entwicklung des Beteiligungsunternehmens durch adäquate Einflussnahme gerecht zu werden. Wie auch in Unternehmen hat sich dafür in großen Stiftungen bewährt, neben dem geschäftsführenden Stiftungsvorstand weitere Organe zur Beratung und Beaufsichtigung des Stiftungsvorstands zu implementieren („Check & Balances"). Zu einer guten *Foundation Governance* gehört insbesondere sicherzustellen, dass keine unerwünschte Machtkonzentration bei Einzelpersonen eintritt und Mitglieder eines allzuständigen Stiftungsvorstands keine eigenen Interessen verfolgen. Die Befugnisse von Kontrollorganen, die z.B. als Kuratorium, Stiftungsrat o. ä. bezeichnet werden, sollten sich dafür an vergleichbaren Gremien von Unternehmen orientieren. Insbesondere sollten Einsichts- und Informationsrechte bestehen, besonders bedeutsame Geschäfte zustimmungspflichtig sein (samt Ausübung von Gesellschafterrechten der Stiftung in bedeutenden Angelegenheiten und ad hoc auf Anordnung des Kontrollorgans). Das Kontrollorgan sollte die Personalkompetenz für den Stiftungsvorstand haben und diesem unter Umständen auch Weisungen erteilen können.

Überdies ist eine professionelle Besetzung der Organe sicherzustellen, z.B. indem Anforderungsprofile an die Qualifikation von Organmitgliedern (insbes. auch Unternehmenssachverstand) festgelegt werden. Dafür bietet es sich an, wie es auch der Praxis bei Aufsichtsräten von börsennotierten Gesellschaften entspricht, ein Kompetenzprofil für Kenntnisse, Fähigkeiten und fachliche Erfahrungen des Gesamtgremiums zu erstellen.[22] Dabei gilt, dass nicht jedes einzelne Mitglied der Gremien über sämtliche Fähigkeiten verfügen muss, aber das Gremium in seiner Gesamtheit. Auch das Auswahlverfahren zur Aufnahme neuer Organmitglieder sollte klar geregelt sein, z.B. durch Selbstergänzung (auch Kooptation genannt), Bestellung durch den Stifter (Stiftervorbehalt), durch ein weiteres Stiftungsorgan, Destinatäre oder Dritte. Die Frage, welches Verfahren letztlich sachgerecht ist,

---

22 Vgl. Empfehlung C.1 des DCGK in der Fassung v. 28.04.2022.

hängt von dem spezifischen Zuschnitt der Stiftung und ihrem Zweck sowie dem Beteiligungsunternehmen ab und entzieht sich daher einer allgemeinen Empfehlung. Nicht selten erweist es sich jedoch als zweckmäßig, für verschiedene Positionen in den Organen unterschiedliche Verfahren zur Anwendung zu bringen, etwa dergestalt, dass die Stifterfamilie eine bestimmte Anzahl an Organmitgliedern bestimmen darf und im Übrigen eine Kooptation erfolgt. Es ist zudem durchaus üblich, die Besetzungsverfahren für die verschiedenen Organe unterschiedlich auszugestalten, um so den jeweiligen Anforderungen gerecht zu werden. All diese Aspekte sollten zur Implementierung einer krisenfesten *Foundation Governance* von Anfang an beachtet werden.

2. Mögliche Sonderrechte des Stifters und seiner Familie

Von besonderer Bedeutung ist insbesondere unter dem Aspekt der Konfliktprävention, schon im Stiftungsgeschäft präzise zu definieren, welche Rolle dem Stifter und seiner Familie zukommen soll.[23] Dies betrifft zunächst die Mitwirkung in Organen der Stiftung. Regelmäßig behalten sich Stifter einen Sitz in Stiftungsorganen vor, nicht selten auch auf Lebenszeit. Für die Folgebesetzung kann der Stifter sich und seinen Erben vorbehalten, Organmitglieder zu bestimmen, auch wiederholt sich selbst. Er kann auch durch letztwillige Verfügung Mitglieder bestimmen oder durch einen Testamentsvollstrecker bestimmen lassen. Umstritten ist indes, ob dem berufenden Organ durch die Satzung ein freies Abberufungsrecht zugewiesen werden kann. Die wohl herrschende Meinung lehnt dies ab.[24] Stets zulässig ist eine Abberufung aus wichtigem Grund. Die Satzung kann und sollte einen Katalog solcher wichtigen Gründe festlegen. Empfehlenswert ist in diesem Zusammenhang, in der Satzung eine Regelung entsprechend § 84 Abs. 4 S. 4 AktG vorzusehen, wonach eine Abberufung bis zur rechtskräftigen Feststellung der Unwirksamkeit wirksam bleibt, weil anderenfalls in der Stiftung das Gegenteil gilt, was zu aufwändigen und lähmenden Streitigkeiten führen kann.

Sofern der Stifter und seine Familie Stiftungsorganen angehören, besteht für die Einräumung von Sonderrechten weitgehende Gestaltungsfreiheit.[25] Möglich und durchaus üblich sind Zustimmungsvorbehalte, Vetorechte oder Sonderstimmrechte zugunsten des Stifters und seiner Familie in den jeweiligen Gremien. Teilweise werden derartigen Sonderrechten allerdings Bedenken dann entgegengebracht, wenn der Stifter und seine Familie nicht Organmitglieder sind.[26] Zustimmungsvorbehalte und Vetorechte sollten aber zumindest in Bezug auf besonders gewichtige

---

23 Hierzu siehe auch mit Praxisbeispielen Fleischer ZIP 2022, 2045 (2055).
24 Staudinger/Hüttemann/Rawert, 2018, BGB § 86 Rn. 9; Uffmann NZG 2022, 1131 (1135); dies nach der Stiftungsrechtsreform in Frage stellend Baßler/Stöffler/Blecher GmbHR 2021, 1125 (1129 f.); Kögel/Neckenich FuS Sonderausgabe 2023, 19 (23).
25 MüKoBGB/Weitemeyer BGB § 80 Rn. 36; Sieger/Bank NZG 2010, 641.
26 Zum Streitstand Sieger/Bank NZG 2010, 641 (644).

Entscheidungen möglich bleiben, wie z.B. die Auflösung der Stiftung oder Satzungsänderungen. Bewährt hat es sich bei Gestaltung der *Foundation Governance*, von vornherein Regelungen für zwei Phasen vorzusehen – die Phase I regelt den Zeitraum, in welchem der Stifter noch Organmitglied ist und die Phase II die Zeit nach dem Ausscheiden des Stifters aus dem Organ. Typischerweise erstarkt etwa die Bedeutung des Aufsichtsorgans mit Eintritt der Phase II. Eine solche Konzeption stellt nicht nur eine jeweils der Situation angemessene *Foundation Governance* sicher, sondern kann auch das Risiko von Rechtsunsicherheiten und Streitigkeiten erheblich verringern.

Schließlich ist die Rechtsstellung der Destinatäre präzise festzulegen. Nach der gesetzlichen Konzeption handelt es sich bei den Destinatären um bloße Nutznießer des Stiftungsvermögens. Die Satzung kann den Destinatären jedoch u. a. Informationsrechte, Mitwirkungsrechte und Ansprüche auf dem Stiftungszweck entsprechende Stiftungsleistungen zusprechen.[27] Möglich ist sogar, eine Destinatärsversammlung einzurichten, auch um den Zusammenhalt der Stifterfamilie zu festigen und langfristig zu sichern; in der Literatur ist insoweit treffend die Rede von einer „virtuellen Familiengesellschaft".[28] Letztlich ist die Rolle des Stifters und seiner Familie dabei stark einzelfallbezogen und dementsprechend zu definieren. Für die Beantwortung grundlegender, auch familienstrategischer Fragen hält die Stiftung mit ihrer weitreichenden Gestaltungsfreiheit aber jedenfalls Antworten bereit. Wichtig zur Streitvermeidung ist jedoch vor allem, dass überhaupt Festlegungen zu diesen Fragen getroffen werden und weniger, wie diese im Einzelnen ausfallen.

3. Handlungsfähigkeit der Stiftung

Kommt es tatsächlich zu einer Krise, geht es vor allem auch darum, handlungsfähig zu bleiben. Dafür ist eine größtmögliche Flexibilität bei Beschlussfassungen zweckmäßig. Mit der jüngsten Änderung des § 32 Abs. 2 BGB, der über § 84b S. 1 BGB auch für Organe von Stiftungen gilt, hat der Gesetzgeber dafür eine gesetzliche Grundlage geschaffen.[29] Hiernach sind hybride Versammlungen und Sitzungen per se zulässig. Für rein virtuelle Organsitzungen bedarf es eines Beschlusses der Mitglieder des jeweiligen Organs. Ferner sind weiterhin Beschlüsse außerhalb von Sitzungen möglich, wenn sämtliche Organmitglieder dem schriftlich zustimmen. Insoweit wäre eine Erleichterung von Beschlussfassungen im digitalen Umlaufwünschenswert gewesen. Jedoch empfiehlt es sich ohnehin, die Grundlagen des Beschlussverfahrens in der Satzung zu regeln, ggf. teilweise auch

27 Von Oertzen/Reich DStR 2017, 1118 (1120 ff.).
28 Fleischer ZIP 2022, 2045 (2053 f.); Rawert ZGR 2018, 835 (847).
29 Gesetz zur Ermöglichung hybrider und virtueller Mitgliederversammlungen im Vereinsrecht vom 14.03.2023, BGBl. I 2023, Nr. 72, in Kraft getreten am 21.03.2023.

in Unterordnungen (Geschäftsordnungen, Richtlinien), weil diese im Vergleich zur Satzung flexibler abänderbar sind.[30]

4. Anpassungsfähigkeit der Stiftungssatzung

Eine besonders wichtige Voraussetzung, um Krisen auf Ebene der Stiftung effektiv vorzubeugen und begegnen zu können, ist die Anpassungsfähigkeit der Satzung an sich verändernde Umstände. Mit der am 01.07.2023 in Kraft getretenen Stiftungsrechtsreform wurden Satzungsänderungen neu und bundeseinheitlich abschließend geregelt.[31] Die Voraussetzungen für Satzungsänderungen fallen danach umso strenger aus, je stärker in die Stiftungsverfassung eingegriffen und die Stiftung verändert wird. Dabei werden drei Fallgruppen unterschieden:[32]

- Ein Austausch des Stiftungszwecks, eine die Identität der Stiftung verändernde Beschränkung des Zwecks oder eine Umgestaltung in eine Verbrauchsstiftung ist zulässig, wenn der Stiftungszweck nicht mehr dauernd und nachhaltig erfüllt werden kann. Dies gilt insbesondere, wenn die Stiftung keine ausreichenden Mittel für die nachhaltige Zweckerfüllung hat und in absehbarer Zeit auch nicht erwerben kann (anders als nach bisherigem Recht wird nicht mehr ausdrücklich eine Unmöglichkeit der Zweckerfüllung verlangt). Zusätzlich muss gesichert erscheinen, dass die Stiftung den beabsichtigten neuen bzw. beschränkten Zweck dauernd und nachhaltig erfüllen kann.
- Zweckänderungen, welche die Identität der Stiftung nicht verändern, und Änderungen prägender Satzungsbestimmungen (insbesondere Name, Sitz, Zweckverwirklichung, Zusammensetzung von Organen und Aufgabenverteilung zwischen Organen, Erhaltung und Verwaltung des Grundstockvermögens, gemeinnützigkeitsrechtliche Satzungsbestimmungen) sind künftig zulässig, soweit dies zur Anpassung der Stiftung an nach Stiftungserrichtung wesentlich veränderte Verhältnisse erforderlich ist.
- Andere Satzungsänderungen, insbesondere Änderungen, die den Zweck nicht berühren und Änderungen nicht prägender Satzungsbestimmungen sind künftig zulässig, wenn sie der Zweckerfüllung dienen oder diese erleichtern können.

Abweichungen von den vorgenannten Voraussetzungen kann ausschließlich der Stifter im Stiftungsgeschäft vorsehen (d.h. nicht die Organe oder die Stiftungsaufsicht durch spätere Satzungsänderungen). Satzungsänderungen durch die Stiftungsaufsicht kann der Stifter nicht erweitern, sondern nur ausschließen oder

---

30 Hueck/Schuck in: Fleisch/Martin/Theuffel-Werhahn/Uffmann (Hrsg.) StiftungsManager, 2021, Kap. 8.1.1.4.

31 Gesetz zur Vereinheitlichung des Stiftungsrechts und zur Änderung des Infektionsschutzgesetzes vom 16. Juli 2021, BGBl. I 2021, 2947, in Kraft getreten am 01.07.2023.

32 Schuck/Medinger ZEV 2021, 298 (301 f.).

beschränken (z.B. durch Ausschluss einzelner Tatbestände oder strengere Voraussetzungen). Satzungsänderungen durch die Organe kann der Stifter erweitern bzw. erleichtern, sofern er Inhalt und Umfang der Änderungsermächtigung hinreichend bestimmt festlegt. Der Stifter darf den zuständigen Stiftungsorganen dabei jedoch keine Blanko- oder Pauschalermächtigung erteilen, sondern muss gewünschte Änderungen inhaltlich vorbestimmen, indem er Leitlinien und Orientierungspunkte vorgibt. An die Bestimmtheit der Ermächtigung in der Satzung sind umso höhere Anforderungen zu stellen, je bedeutsamer die Änderungen sind, zu denen ermächtigt wird. In diesem Rahmen kann der Stifter auch sich selbst zum Stiftungsorgan bestimmen und zu Satzungsänderungen ermächtigen. Die Bewältigung dieses Spagats ist *die* wesentliche Gestaltungsaufgabe, um die Anpassungsfähigkeit der Stiftungssatzung und damit zugleich die Handlungsfähigkeit in der Krise zu gewährleisten. Dabei müssen bei Unternehmensstiftungen immer auch das konkrete Unternehmen und mögliche Krisenszenarien in die Betrachtung einbezogen werden.

V. Zusammenfassende Thesen

1. Eine Stiftungserrichtung zu Lebzeiten vermindert das Risiko einer „Entstehungskrise".
2. ie Krise des Unternehmens bedingt häufig die Krise der Unternehmensstiftung.
3. Unternehmen und Stiftung haben trotz ihres notwendig unterschiedlichen Zwecks ein gemeinsames Interesse am langfristigen und erfolgreichen Unternehmenserhalt.
4. Die Unternehmensstiftung (als Familienstiftung) kann durch ihren Einfluss auf das Unternehmen zur Krisenprävention und -bewältigung beitragen.
5. Die Gestaltung der Unternehmensstiftung und die gesellschaftsrechtlichen Verhältnisse auf Ebene des Unternehmens sind aufeinander abzustimmen. Maßgeblich für den Einfluss der Stiftung auf das Unternehmen ist das Gesellschaftsrecht des jeweiligen Unternehmens.
6. Eine professionelle Foundation Governance hilft, Krisen zu vermeiden und zu bewältigen. Die Rolle des Stifters und seiner Familie ist dabei stark einzelfallbezogen zu definieren.
7. Gestaltungspotentiale der Stiftungssatzung sollten genutzt werden, um die Handlungsfähigkeit der Stiftung und ihrer Organe sicherzustellen.
8. Auf den Stifterwillen kommt es an – das Stiftungsgeschäft ist der „Schlüssel" für die Anpassungsfähigkeit der Stiftung und sollte Leitlinien und Orientierungspunkte für Satzungsänderungen bei veränderten Umständen (etwa in der Krise) geben.

VI. Abstract

This essay by *Dr. Tobias Hueck*, lawyer at Noerr Partnerschaftsgesellschaft mbB, deals with the structuring of (corporate) foundations in a crisis-proof manner in regard to civil law. He opens with an introduction to the topic by explaining the concept of corporate foundation, identifying motives for its establishment, and presenting three crisis scenarios. For the first scenario, a crisis occurring at the foundation's creation, he stresses the importance of precise specifications on the foundation's structure. These include provisions for a supervisory board and adapted provisions in the articles of association, such as succession clauses. *Hueck* also outlined advantages of setting up a foundation inter vivos. The second scenario, a crisis in the company, could be prevented by a considered design of the foundation's influence on the company. In this context, he presents the Doppelstiftung, considerations on the structure of the company as well as ways for the foundation to exert influence on the company. The author lastly examines the crisis at the foundation. In this context, management, and control issues of the foundation, including special rights of the founder and his family, can be addressed for crisis prevention. In addition, the adaptability of the foundation to new circumstances must also be ensured.

Judith Mehren[*]

(Unternehmens-)Stiftungen krisensicher gestalten aus steuerrechtlicher Sicht

I. Einführung

Stiftungen kennen wir heute in vielen unterschiedlichen Erscheinungsformen: rechtsfähige und nichtrechtsfähige Stiftungen, gemeinnützige und privatnützige (z.b. Familien-)Stiftungen, Stiftungen des bürgerlichen Rechts und Stiftungen des öffentlichen Rechts, kirchliche Stiftungen und kommunale Stiftungen, auf unbestimmte Zeit errichtete Stiftungen und Verbrauchsstiftungen. Bei dieser nicht abschließenden Aufzählung schließt die eine Form eine andere nicht zwingend aus. Konzentrieren möchte ich mich im Folgenden auf die rechtsfähige Stiftung im Sinne von § 80 Abs. 1 BGB[1], deren Stiftungszweck ausschließlich privatnützig oder ausschließlich gemeinnützig im Sinne der §§ 51 ff. AO oder auch sowohl privatnützig als auch gemeinnützig sein kann. Eingehen werde ich auch auf das Modell der sog. Doppelstiftung.

Der Titel dieses Beitrags deutet bereits darauf hin, dass besonderes Augenmerk auf die Unternehmensstiftung gelegt wird, und zwar in Gestalt der

---

[*] Die Autorin ist Rechtsanwältin, Fachanwältin für Steuerrecht, Steuerberaterin und Partnerin der Flick Gocke Schaumburg Partnerschaft mbB.
[1] BGB in der Fassung des Gesetzes zur Vereinheitlichung des Stiftungsrechts und zur Änderung des Infektionsschutzgesetzes v. 22.07.2021, BGBl. 2021 I, 2947 ff.

Unternehmensbeteiligungsstiftung. *Unternehmensstiftung* (oder auch unternehmensverbundene Stiftung) ist der Oberbegriff für eine Stiftung, zu deren Vermögen ein Unternehmen oder eine Beteiligung an einem Unternehmen gehört. Begrifflich wird weiter unterschieden zwischen einer (unmittelbaren) Unternehmensträgerstiftung, also einer Stiftung, die selbst ein Unternehmen betreibt, und einer Unternehmensbeteiligungsstiftung (auch Beteiligungsträgerstiftung oder mittelbare Unternehmensträgerstiftung genannt), also einer Stiftung, die als Gesellschafterin an einer Holdinggesellschaft oder einer oder mehreren operativen Tochtergesellschaften beteiligt ist. Das Unternehmen kann sowohl Zweckverwirklichungsbetrieb[2] als auch reine Dotationsquelle für die Erfüllung des Stiftungszwecks sein.

Unter einer *Krise* (aus dem griechischen *krisis* = Entscheidung, entscheidende Wendung, Sichtung) wird allgemein ein Höhe- und Wendepunkt einer gefährlichen Entwicklung verstanden, dem eine massive und problematische Funktionsstörung über einen gewissen Zeitraum vorausging.[3] Hinsichtlich der verschiedenen Krisenszenarien, die bei Errichtung einer Stiftung und später auftreten können, darf ich auf die vorangegangenen Ausführungen des Kollegen *Hueck* verweisen.[4] Zusätzlich werde ich jedoch auch auf steuerliche Risiken und eine daraus erwachsende steuerliche Krise, wie z.B. den Wegfall der Steuerbegünstigung einer gemeinnützigen Stiftung, eingehen.

Steuerliche Vorsorgemaßnahmen zur krisensicheren Gestaltung einer Stiftung können zu verschiedenen Zeitpunkten bzw. auf verschiedenen Ebenen getroffen werden. Nachfolgend werden empfehlenswerte Überlegungen und Maßnahmen bei Ausstattung einer Stiftung mit Vermögen (dazu unter II.) sowie Vorsorgemaßnahmen auf Ebene der Stiftung – für Krisen der Stiftung – (dazu unter III.) und auf Ebene des Beteiligungsunternehmens – für Krisen des Beteiligungsunternehmens – (dazu unter IV.) dargestellt. Sodann werde ich die Frage beleuchten, inwiefern aus gemeinnützigkeitsrechtlicher Sicht eine Stiftung ihr in eine Krise geratenes Beteiligungsunternehmen unterstützen darf.

---

2   Von einem Zweckverwirklichungsbetrieb spricht man bei gemeinnützigen Stiftungen, die ein Unternehmen unterhalten, mit welchem selbst und unmittelbar der gemeinnützige Zweck verwirklicht wird, dies ist bspw. bei Behindertenwerkstätten der Fall.

3   Vgl. Wikipedia, unter Verweis auf *Schmidt*, Wörterbuch zur Politik, 3. Auflage 2010, S. 443 f. (zuletzt abgerufen am 16.06.2024).

4   S. ab S. 27 in diesem Heft.

II. Gestaltung bei Ausstattung der Stiftung mit Vermögen

1. Planung der Erbschaft-/Schenkungsteuerbelastung

Der Übergang von Vermögen auf eine Stiftung mit Geschäftsleitung oder Sitz im Inland stellt unabhängig davon, ob die Stiftung bereits besteht oder neu errichtet wird und unabhängig davon, ob der Vermögensübergang von Todes wegen oder zu Lebzeiten des Zuwendenden erfolgt, einen erbschaft- bzw. schenkungsteuerbaren Vorgang dar.[5] Es gelten die allgemeinen Steuerbefreiungen und -vergünstigungen. So sind Zuwendungen an Stiftungen, die nach der Satzung und dem Stiftungsgeschäft und nach ihrer tatsächlichen Geschäftsführung ausschließlich und unmittelbar kirchlichen, gemeinnützigen oder mildtätigen Zwecken im Sinne der §§ 52–54 AO dienen, steuerfrei nach § 13 Abs. 1 Nr. 16 Buchst. b) ErbStG.[6]

Für nicht steuerbegünstigte Stiftungen sind vor allem die *Verschonungsregelungen* nach den §§ 13a, 13b, 13c, 28a ErbStG relevant. Hiernach kann für betriebliches Vermögen, Betriebe der Land- und Forstwirtschaft und Anteile an Kapitalgesellschaften, an deren Nennkapital der Zuwendende unmittelbar zu mehr als 25 % beteiligt war (Mindestbeteiligung) oder diese Mindestbeteiligung zusammen mit weiteren durch einen Poolvertrag verbundenen Gesellschaftern erfüllt, eine 85 %ige Regelverschonung oder unter verschärften Voraussetzungen sogar eine 100 %ige Steuerbefreiung für sog. begünstigtes Vermögen erlangt werden. Die vorgenannten Regelungen zeichnen sich allerdings durch eine hohe Komplexität aus, sodass im Vorfeld das Unternehmen „durchleuchtet" und sorgfältig geprüft werden muss, ob die Voraussetzungen für eine Verschonung gegeben sind und in welcher Höhe trotz grundsätzlicher Begünstigungsfähigkeit dennoch nicht begünstigtes – und damit zu versteuerndes – Vermögen vorhanden ist. In der Regel können vor einer Übertragung Maßnahmen ergriffen werden, um die Vermögenszusammensetzung zu optimieren und die anfallende Erbschaft- oder Schenkungsteuer zu minimieren. Dabei ist jedoch zu beachten, dass bei Inanspruchnahme der Verschonung nachlaufende Pflichten bestehen. So kann es bei Unterschreiten der einzuhaltenden Mindestlohnsumme nach § 13 Abs. 3 ErbStG und bei einem Verstoß gegen die Behaltensfrist des § 13 Abs. 6 ErbStG zu einem rückwirkenden ganzen oder

---

5   Der Vermögensübergang von Todes wegen auf eine bereits existierende Stiftung ist steuerbar gemäß §§ 1 Abs. 1 Nr. 1, 3 Abs. 1 Nr. 1, der Übergang auf eine neu zu errichtende Stiftung ist steuerbar gemäß §§ 1 Abs. 1 Nr. 1, 3 Abs. 2 Nr. 1 ErbStG. Der Übergang von Vermögen aufgrund eines Stiftungsgeschäfts unter Lebenden ist steuerbar gemäß §§ 1 Abs. 1 Nr. 2, 7 Abs. 1 Nr. 8 ErbStG. Zuwendungen zu Lebzeiten einer Person an eine bereits existierende Stiftung sind steuerbar gemäß §§ 1 Abs. 1 Nr. 2, 7 Abs. 1 Nr. 1 ErbStG.

6   Vgl. dazu eingehend *Kirchhain* in: Schauhoff/Kirchhain, Handbuch der Gemeinnützigkeit, 4. Auflage 2023, § 7 Rz. 61 f.

teilweisen Wegfall des Verschonungsabschlags kommen. Da die Stiftung sowohl bei lebzeitigen Zuwendungen als auch bei Zuwendungen von Todes wegen Steuerschuldnerin ist gem. § 20 Abs. 1 S. 1 ErbStG, sollten etwaige Erbschaft- bzw. Schenkungsteuerbelastungen von vornherein berücksichtigt und bestenfalls vermieden werden.

Für inländische Familienstiftungen, also Stiftungen, die wesentlich im Interesse einer Familie oder bestimmter Familien errichtet sind, kommt darüber hinaus das sog. *Steuerklassenprivileg* nach § 15 Abs. 2 S. 1 ErbStG in Betracht. Hiernach wird bei Vermögensübertragungen im Zusammenhang mit der Errichtung einer Familienstiftung (zu Lebzeiten oder von Todes wegen) der Besteuerung das Verwandtschaftsverhältnis des nach der Stiftungsurkunde entferntest Berechtigten zu dem Erblasser oder Schenker zugrunde gelegt. Bei der Gestaltung der Stiftungssatzung ist daher darauf zu achten, wer als „Berechtigter" anzusehen ist, weil er Vermögensvorteile aus der Stiftung erlangen kann.[7] Soll die Familienstiftung auch gemeinnützige Zwecke fördern oder Anfallberechtigter eine gemeinnützige Einrichtung werden, sollte vor Errichtung der Stiftung mit dem Finanzamt abgeklärt werden, ob dies der Anwendung der Steuerklasse I entgegensteht.[8]

Bei von Todes wegen errichteten privatnützigen Stiftungen kann der Stiftung der Umstand zugute kommen, dass sie stiftungsrechtlich für die Zuwendungen des Stifters zwar als schon vor dessen Tod entstanden gilt,[9] die Erbschaftsteuer jedoch erst mit dem Zeitpunkt der Anerkennung der Stiftung als rechtsfähig gem. § 9 Abs. 1 Nr. 1 Buchst. c) ErbStG entsteht. Dies führt dazu, dass zwischen dem Zeitpunkt des Erbfalls und der Anerkennung der Stiftung Maßnahmen zur Optimierung der Vermögensstruktur des auf die Stiftung zu übertragenden Unternehmens, insbesondere zur Reduzierung des Verwaltung- und Finanzmittelvermögens und zur Lohnsummenoptimierung, vorgenommen werden können, um die nach Anwendung der §§ 13a, 13b, 13c, 28a ErbStG entstehende bzw. zu entrichtende Erbschaftsteuer zu minimieren.[10]

---

7   Vgl. R E 15.2 Abs. 1 ErbStR 2019; beim Übergang von Vermögen auf eine Familienstiftung ist für die Bestimmung der anwendbaren Steuerklasse und des Freibetrags als "entferntest Berechtigter" zum Schenker derjenige anzusehen, der nach der Stiftungssatzung potentiell Vermögensvorteile aus der Stiftung erhalten kann; unerheblich ist, ob die Person zum Zeitpunkt des Stiftungsgeschäfts schon geboren ist, jemals geboren wird und tatsächlich finanzielle Vorteile aus der Stiftung erlangen wird, BFH v. 28.02.2024 – II R 25/21, DStR 2024, 1296.

8   Siehe dazu *von Oertzen* in: Festschrift für Spiegelberger 2019, S. 1390 ff.; *von Oertzen/ Frtiz,* BB 2014, 87 (88); *Reich,* DStR 2016, 1341 (1342).

9   § 80 Abs. 2 S. 2 BGB bzw. § 84 BGB a.F.

10 Vgl. ausführlich zur postmortalen Verschonungsoptimierung durch die Familienstiftung von Todes wegen *von Oertzen/Reich,* BB 2018, 1367.

2. Planung der zukünftigen Ertragsteuerbelastung

Vor Errichtung einer gemeinnützigen Unternehmensstiftung bzw. Übertragung des Unternehmens auf diese sollte Klarheit darüber bestehen, welcher steuerlichen Sphäre der Stiftung eine Unternehmensbeteiligung zuzuordnen ist, der ertragsteuerfreien Vermögensverwaltung (§ 14 S. 3 AO) oder einem steuerpflichtigen wirtschaftlichen Geschäftsbetrieb (§ 64 AO). Die Zuordnung spielt nämlich nicht nur für die Möglichkeit der Bildung einer freien Rücklage auf Ebene der Stiftung[11] eine Rolle, sondern auch für die Besteuerung von Gewinnausschüttungen der Tochtergesellschaft bzw. Entnahmen der Stiftung und eines aus der Veräußerung der Beteiligung erzielten Veräußerungsgewinns. Während in der Sphäre der Vermögensverwaltung sämtliche Vorgänge steuerfrei sind, unterliegen in einem wirtschaftlichen Geschäftsbetrieb erzielte Gewinnausschüttungen/-anteile oder Veräußerungsgewinne der Körperschaftsteuer und dem Solidaritätszuschlag,[12] wobei bei Beteiligungen an Kapitalgesellschaften § 8b KStG Anwendung findet.[13]

Beteiligungen an steuerpflichtigen Kapitalgesellschaften gehören grundsätzlich zur Vermögensverwaltung.[14] Ausnahmen bestehen nach herrschender Meinung allerdings bei Vorliegen einer Betriebsaufspaltung zwischen Stiftung und Kapitalgesellschaft und bei einer tatsächlichen Einflussnahme der Stiftung auf die Geschäftsführung der Kapitalgesellschaft, sofern diese nicht ausschließlich vermögensverwaltend tätig[15] oder selbst steuerbegünstigt ist.[16] Beteiligungen an Personengesellschaften sind nur dann der Vermögensverwaltung zuzurechnen, wenn die Personengesellschaft ausschließlich vermögensverwaltend tätig ist, und keine Betriebsaufspaltung zwischen der Stiftung und der Personengesellschaft vorliegt.[17]

---

11 Vgl. § 62 Abs. 1 Nr. 3 AO.

12 Vgl. § 64 Abs. 1 AO.

13 *Hüttemann*, Gemeinnützigkeitsrecht und Spendenrecht, 5. Auflage 2021, Rz. 7.134; *Kirchhain* in Schauhoff/Kirchhain, Handbuch der Gemeinnützigkeit, 4. Auflage 2023, § 7 Rz. 148.

14 BFH v. 25.08.2010 – I R 97/09, BFH/NV 2011, 312; AEAO Nr. 3 Abs. 1 S. 4 zu § 64 Abs. 1 AO; *Hüttemann*, Gemeinnützigkeitsrecht und Spendenrecht, 5. Auflage 2021, Rz. 6.135 m.w.N.

15 AEAO Nr. 3 Abs. 1 S. 6 zu § 64 Abs. 1 AO.

16 AEAO Nr. 3 Abs. 1 S. 7 zu § 64 Abs. 1 AO; vgl. ausführlich hierzu *Kraus/Mehren*, DStR 2020 1593 (1594 ff.); *Kirchhain* in Schauhoff/Kirchhain, Handbuch der Gemeinnützigkeit, 4. Auflage 2023, § 7 Rz. 147; differenzierend zur Annahme eines wirtschaftlichen Geschäftsbetriebs *Hüttemann*, Gemeinnützigkeitsrecht und Spendenrecht, 5. Auflage 2021, Rz. 6.135 ff.

17 BFH v. 27.07.1988 – I R 113/84, BStBl. II 1989, 134 (136); v. 27.03.2001 – I R 78/99, BStBl. II 2001, 449 (450); *Kirchhain* in Schauhoff/Kirchhain, Handbuch der Gemeinnützigkeit, 4. Auflage 2023, § 7 Rz. 142 ff.

Zur Minimierung zukünftiger Steuerbelastungen und Herstellung größtmöglicher Flexibilität im Rahmen der Rücklagenbildung sollte somit bereits vor Übertragung von Vermögen auf eine Unternehmensstiftung darauf geachtet werden, dass keine Betriebsaufspaltung be- oder entsteht und – bei einer Kapitalgesellschaftsbeteiligung – die Organe in der Stiftung und dem Beteiligungsunternehmen so besetzt werden, dass eine schädliche Einflussnahme der Stiftung nicht angenommen werden kann.

III. Vorsorge auf Ebene der Stiftung – für Krisen der Stiftung

1. Tax Compliance

Für jede Stiftung gilt es steuerliche Nachteile, die durch Verstöße gegen eigene steuerliche Pflichten entstehen können, zu vermeiden. Zu nennen sind insbesondere nicht erwartete Steuernachzahlungen, die häufig mit erheblichen Nachzahlungszinsen, Verspätungs- oder Säumniszuschlägen einhergehen, zur Verwendung des Grundstockvermögens zwingen und schlimmstenfalls zum Verlust der Gemeinnützigkeit und/oder zur Insolvenz führen können. Aber auch eine etwaige Haftung der Stiftung und ihrer Organmitglieder für Steuern sowie Reputationsschäden einer gemeinnützigen Stiftung kann zu einer Krise auf Ebene der Stiftung führen. Dabei können diese Risiken häufig bereits mit relativ einfachen organisatorischen Maßnahmen reduziert werden; zuweilen, in Abhängigkeit von der Größe der Stiftung und der Komplexität ihrer Geschäftsvorgänge, kann auch die Unterhaltung eines Tax Compliance Management Systems angezeigt sein. Dabei hat sich in der Praxis folgende Vorgehensweise bewährt:[18]

1. Überprüfung und Feststellung des Ist-Zustandes – welche Regeln und Abläufe werden bereits praktiziert?
2. Vornahme einer „Risikoinventur" (zu typischen Risiken aus dem Gemeinnützigkeits-, Ertrag- und Umsatzsteuerrecht sogleich) und Gewichtung der Risiken (Risiko-Matrix)
3. Identifizierung von Lücken und sinnvollen Ergänzungen (angemessene/wirksame Regelungen?)
4. Erstellung von stiftungsbezogenen „Steuer-Richtlinien" (Compliance Standards), d.h. konkrete Vorgaben und Verhaltensrichtlinien für einzelne Themen (Praxisbeispiele, Schaubilder)

---

18 Vgl. im Einzelnen zu Compliance und Compliance Management bei Stiftungen *Römer* in Richter, Stiftungsrecht, 2019, § 21; *Mehren*, npoR 2020, 15; zu Compliance bei gemeinnützigen Körperschaften *Kirchhain* in Schauhoff/Kirchhain, Handbuch der Gemeinnützigkeit, 4. Auflage 2023, § 11.

5. Bekanntmachung an Organmitglieder und Mitarbeiter, ggf. Schulung, Überwachung, Evaluierung der Vorgaben
6. Regelmäßige Überprüfung auf Vollständigkeit und Aktualisierungsbedarf, inhaltliche Weiterentwicklung

Dabei bildet eine umfassende „Risikoinventur" in der Regel das Herzstück der Compliance. Für gemeinnützige Stiftungen sind als typische Risiken aus dem *Gemeinnützigkeitsrecht* zu nennen:[19]

- die ordnungsgemäße Mittelverwendung (Verfolgung eigener gemeinnütziger Satzungszwecke), hier bestehen in der Praxis viele Detailprobleme,
- das Gebot der zeitnahen Mittelverwendung (§ 55 Abs. 1 Nr. 5 AO),
- die Vereinbarung unangemessen hoher Vergütungen für Organmitglieder und leitende Angestellte, auch in Tochter- oder Enkelgesellschaften,
- Zuwendungen an steuerpflichtige Beteiligungsgesellschaften (z.B. nicht marktübliche niedrige Verrechnungspreise),
- Bildung von Rücklagen (§ 62 Abs. 1 AO, dazu sogleich unter b),
- die ordnungsgemäße Ausstellung von Zuwendungsbestätigungen,
- das Erkennen von steuerpflichtigen wirtschaftlichen Geschäftsbetrieben (z.B. Sponsoring),
- die korrekte Gewinnermittlung im wirtschaftlichen Geschäftsbetrieb,
- die Abgrenzung zwischen echtem Zuschuss und (verdecktem) Leistungsentgelt sowie
- die Entstehung von Verlusten in der Vermögensverwaltung oder im steuerpflichtigen wirtschaftlichen Geschäftsbetrieb.

Typische Risiken aus dem *Ertragsteuerrecht,* die gemeinnützige Stiftungen treffen können, sind die ordnungsgemäße Abführung von Lohnsteuer bei Sachbezügen an Beschäftigte (§ 37b EStG) und der Steuerabzug nach § 50a EStG. Bei Familienstiftungen besteht dagegen das Risiko einer unterlassenen Kapitalertragsteueranmeldung und -abführung bei verdeckten Leistungen an Destinatäre und einer unterlassenen *Schenkungsteuer*erklärung bei (verdeckten) Zuwendungen seitens des Stifters oder anderer Familienangehöriger an die Stiftung.

Schließlich können Stiftungen Risiken aus dem *Umsatzsteuerrecht* betreffen, wie beispielsweise[20]

- die zutreffende Anwendung von Umsatzsteuerbefreiungen,
- eine Umsatzsteuerschuld bei einem Leistungsbezug aus dem Ausland (§ 13b UStG),

---

19 Vgl. *Kirchhain* in Schauhoff/Kirchhain, Handbuch der Gemeinnützigkeit, 4. Auflage 2023, § 11 Rz. 34.
20 Vgl. *Kirchhain* in Schauhoff/Kirchhain, Handbuch der Gemeinnützigkeit, 4. Auflage 2023, § 11 Rz. 36.

- der zutreffende Vorsteuerabzug,
- Erklärungs-, Melde- und Zahlungsfristen sowie
- die ordnungsgemäße Erfüllung von Aufbewahrungs- und Aufzeichnungspflichten.

Sämtliche regelmäßigen und unregelmäßigen Geschäftsvorfälle einer Stiftung sollten gründlich auf etwaige Risiken analysiert werden, in Abhängigkeit von der eigenen Fachkunde der in der Stiftung tätigen Mitarbeiter unter Einbeziehung externer Berater. Dies sollte allerdings nicht als einmalige Bestandsanalyse zu verstehen sein. Da sich Risiken auch aus Rechtsänderungen oder neuen Betätigungen der Stiftung ergeben können, sollte die Analyse regelmäßig wiederholt werden.[21]

2. Bildung von Rücklagen

Zu einer krisensicheren Gestaltung von Stiftungen gehört ohne Zweifel auch die Bildung von Rücklagen, insbesondere um unvorhergesehenen Ereignissen und Wertentwicklungen mit einem gewissen finanziellen Polster begegnen und solche abfedern zu können. Hinsichtlich der Frage, ob und in welcher Höhe Rücklagen gebildet werden dürfen, ist zwischen dem Stiftungsrecht, welches sowohl Familienstiftungen als auch steuerbegünstigte Stiftungen betrifft, und dem Gemeinnützigkeitsrecht zu unterscheiden.

Im *Stiftungsrecht* gibt es keine gesetzliche Pflicht zur zeitnahen Mittelverwendung entsprechend § 55 Abs. 1 Nr. 5 AO.[22] Es muss nur gewährleistet sein, dass der Stiftungszweck dauernd und nachhaltig erfüllt wird und das Stiftungsvermögen nur zur Erfüllung des Stiftungszwecks eingesetzt wird.[23] Daraus folgt, dass eine beliebige Ansammlung der Erträge im Vermögen nicht zulässig ist (sog. Admassierungsverbot).[24] Im Rahmen der satzungsmäßigen und steuerrechtlichen Bestimmungen zulässige Gewinnthesaurierungen und Rücklagenbildungen werden allerdings auch im Stiftungsrecht regelmäßig als zulässig angesehen.[25] Häufig finden sich hierzu (zum Teil verbindliche) Regelungen in der Stiftungssatzung.[26]

Für gemeinnützige Stiftungen sieht das *Gemeinnützigkeitsrecht* – als Ausnahme zu dem Grundsatz der zeitnahen Mittelverwendung gemäß § 55 Abs. 1 Nr. 5 AO – in § 62 AO zwar eine Vielzahl an möglichen Rücklagen, aber auch erhebliche Beschränkungen bei der Bildung von Rücklagen vor.[27]

21 Vgl. *Kirchhain* in Schauhoff/Kirchhain, Handbuch der Gemeinnützigkeit, 4. Auflage 2023, § 11 Rz. 32.
22 BT-Drs. 19/31118, 7.
23 §§ 82 S. 1, 83b Abs. 4 S. 2, 83c Abs. 1 S. 2 BGB bzw. § 80 Abs. 2 S. 1 BGB a.F.
24 *Godron* in Richter, Stiftungsrecht, 2. Auflage 2023, § 6 Rn. 169; *Mehren* in Schauhoff/Kirchhain, Handbuch der Gemeinnützigkeit, 4. Auflage 2023, § 3 Rz. 127.
25 *Godron* in Richter, Stiftungsrecht, 2. Auflage 2023, § 6 Rn. 169,
26 *Mehren* in Schauhoff/Mehren, Stiftungsrecht nach der Reform, Kap. 7 Rz. 115.
27 Für eine Flexibilisierung der Rücklagenbildung bei gemeinnützigen Stiftungen vgl. *Weitemeyer/Hüttemann*, npoR 2009, 107.

Im Übrigen wird zwischen Rücklagen mit einer zeitlichen Befristung und solchen ohne zeitliche Befristung unterschieden.

In der Praxis sehr bedeutenden Rücklagen *mit zeitlicher Befristung* sind:

- die zweckgebundene Rücklage (Projektrücklage) gem. § 62 Abs. 1 Nr. 1 AO,[28]
- die Rücklage in Höhe des Mittelbedarfs für periodisch wiederkehrende Aus-
gaben wie Löhne, Gehälter oder Mieten für eine angemessene Zeitperiode[29]
(„Betriebsmittelrücklage") gem. § 62 Abs. 1 Nr. 1 AO,
- die Rücklage für die beabsichtigte und innerhalb eines angemessenen Zeitraums
auch mögliche Wiederbeschaffung von Wirtschaftsgütern, die zur Verwirklichung der steuerbegünstigten, satzungsmäßigen Zwecke erforderlich sind
(„Wiederbeschaffungsrücklage"), § 62 Abs. 1 Nr. 2 AO[30] sowie
- die Rücklage zum Erwerb von Gesellschaftsrechten zur Erhaltung der prozentualen Beteiligung an Kapitalgesellschaften gem. § 62 Abs. 1 Nr. 4 AO[31].

Diese insbesondere für Unternehmensstiftungen unter Umständen bedeutende
Rücklage kann nur zur *Erhaltung* einer bereits bestehenden Beteiligung an einer
Kapitalgesellschaft gebildet werden, nicht für den *erstmaligen Erwerb* eines Anteils
an einer Kapitalgesellschaft (hierfür kann aber die freie Rücklage nach § 62 Abs. 1
Nr. 3 AO gebildet bzw. verwendet werden[32]) oder für den Erwerb von Anteilen zur
Erhöhung der prozentualen Beteiligung an einer Kapitalgesellschaft. Eine Rücklagenbildung zur Teilnahme an einer Kapitalerhöhung ist darüber hinaus nur zulässig, wenn sich der Bedarf für eine Kapitalerhöhung bereits konkret abzeichnet und
sie wirtschaftlich begründet ist.[33]

Der Höhe nach ist die Bildung dieser Rücklage unbegrenzt möglich. Die Herkunft der Mittel ist ohne Bedeutung, sodass auch Mittel verwandt werden dürfen,
die nicht aus der Vermögensverwaltung stammen.[34] Allerdings sind die angesam-
melten Beträge auf die freie Rücklage nach § 62 Abs. 1 Nr. 3 AO anzurechnen.[35]

Umstritten ist, ob die Rücklage zur Kapitalerhöhung auch dann gebildet
werden kann, wenn die gemeinnützige Stiftung alleinige Gesellschafterin der
Tochter-Kapitalgesellschaft ist oder den Beschluss zur Kapitalerhöhung bei der

---

28 AEAO zu § 62 Abs. 1 Nr. 1 Rz. 3–5.

29 AEAO zu § 62 Abs. 1 Nr. 1 Rz. 4 S. 5; *Schauhoff* in Schauhoff/Kirchhain,
Gemeinnützigkeits-HdB, 4. Auflage 2023, § 9 Rn. 101.

30 AEAO zu § 62 Abs. 1 Nr. 1 Rz. 6–8.

31 AEAO zu § 62 Abs. 1 Nr. 4 Rz. 12–13.

32 Vgl. AEAO zu § 62 Abs. 1 Nr. 4 Rz. 12.

33 *Schauhoff* in Schauhoff/Kirchhain, Gemeinnützigkeits-HdB, 4. Auflage 2023, § 9
Rn. 107.

34 AEAO zu § 62 Abs. 1 Nr. 4 AO Rz. 12 f.

35 *Schauhoff* in Schauhoff/Kirchhain, Handbuch der Gemeinnützigkeit, 4. Auflage 2023,
§ 9 Rn. 107.

Tochtergesellschaft selbst herbeiführen kann.[36] Nach herrschender Auffassung soll die Vorschrift in dem Fall nur greifen, d.h. die Bildung einer solchen Rücklage zulässig sein, wenn die Kapitalerhöhung aus betriebswirtschaftlichen Gründen erforderlich ist.[37]

Gemeinnützigkeitsrechtlich zulässige Rücklagen *ohne zeitliche Befristung* sind:

- Freie Rücklage gem. § 62 Abs. 1 Nr. 3 AO,[38]
- Rücklage aus Erbschaften gem. § 62 Abs. 3 Nr. 1 AO,
- Rücklage aus Schenkungen ins Vermögen gem. § 62 Abs. 3 Nr. 2 AO,
- Rücklage aus Spendenaufrufen gem. § 62 Abs. 3 Nr. 3 AO,
- Rücklage für Stiftungen im Aufbau gem. § 62 Abs. 4 AO[39] und
- Rücklage aus Umschichtungsergebnissen der Stiftung (als Teil der freien Rücklage gem. § 62 Abs. 1 Nr. 3 AO).

Schließlich können auch in einem *wirtschaftlichen Geschäftsbetrieb* Rücklagen gebildet werden.[40] Voraussetzung ist, dass die Rücklagen bei vernünftiger kaufmännischer Beurteilung wirtschaftlich begründet sind (entsprechend § 14 Abs. 1 Nr. 4 KStG). Nach Auffassung der Finanzverwaltung muss ein konkreter Anlass gegeben sein, der auch aus objektiver unternehmerischer Sicht die Bildung der Rücklage im wirtschaftlichen Geschäftsbetrieb rechtfertigt (z.B. eine geplante Betriebsverlegung, Werkserneuerung oder Kapazitätsausweitung); eine fast vollständige Zuführung des Gewinns zu einer Rücklage im wirtschaftlichen Geschäftsbetrieb ist nur dann unschädlich für die Steuerbegünstigung, wenn die Körperschaft nachweist, dass die betriebliche Mittelverwendung zur Sicherung ihrer Existenz geboten war.[41]

Im Bereich der *Vermögensverwaltung* können Rücklagen durch Zuführung der Überschüsse aus der Vermögensverwaltung nur für die Durchführung konkreter Reparatur- oder Erhaltungsmaßnahmen an Vermögensgegenständen i.S.d. § 21 EStG gebildet werden.[42] Die Maßnahmen, für deren Durchführung die Rücklage gebildet wird, müssen notwendig sein, um den ordnungsgemäßen Zustand des Vermögensgegenstandes zu erhalten oder wiederherzustellen, und in einem

---

36 *Römer* in Richter, Stiftungsrecht, 2. Auflage 2023, § 19 Rn. 475.
37 *Schauhoff* in Schauhoff/Kirchhain, Handbuch der Gemeinnützigkeit, 4. Auflage 2023, § 9 Rn. 107; *Leichinger* in Buchna/Leichinger/Seeger/Brox, Gemeinnützigkeit im Steuerrecht, 12. Auflage 2023, S. 298 Tz. 256.
38 AEAO zu § 62 Abs. 1 Nr. 3 Rz. 9–11.
39 AEAO zu § 62 Abs. 4 Rz. 17.
40 AEAO Nr. 1 zu § 62.
41 BFH-Urteil v. 15.07.1998 – I R 156/94, BStBl. 2002 II, 162; AEAO Nr. 1 Abs. 1 S. 3 f. zu § 62.
42 AEAO Nr. 1 Abs. 2 zu § 62.

angemessenen Zeitraum durchgeführt werden können (z.b. geplante Erneuerung eines undichten Daches).

3. Rückstellung für Erbschaftsteuer, Schenkungsteuer und Erbersatzsteuer

Nicht steuerbegünstigte Stiftungen können (und müssen gegebenenfalls) Rückstellungen für Erbschaft- bzw. Schenkungssteuer bilden, die sie für steuerpflichtige Erwerbe von Todes wegen oder als Schenkung unter Lebenden schulden. Für Familienstiftungen im Sinne von § 1 Abs. 1 Nr. 4 ErbStG mit Geschäftsleitung oder Sitz im Inland kommt zudem die Bildung einer Rückstellung für die alle 30 Jahre seit Errichtung der Stiftung anfallende *Erbersatzsteuer*[43] in Betracht. Diese ist jedes Jahr entsprechend der Vermögensentwicklung und der zum Zeitpunkt der voraussichtlichen Entstehung der Erbersatzsteuer bestehenden Rechtslage anzusparen. Ertragsteuerlich erfolgt wegen des Abzugsverbots gem. § 10 Nr. 2 KStG eine außerbilanzielle Hinzurechnung des jeweils erfolgswirksam zurückgestellten Betrages.

IV. Vorsorge auf Ebene des Beteiligungsunternehmens – für Krisen des Beteiligungsunternehmens

Unabhängig davon, ob eine Beteiligung an einer Tochtergesellschaft bei der Stiftung im Bereich der Vermögensverwaltung oder in einem wirtschaftlichen Geschäftsbetrieb gehalten wird, sollte auch auf Ebene der Tochtergesellschaft Vorsorge für eigene Krisen geschaffen werden. Insoweit ist insbesondere bei gemeinnützigen Stiftungen fraglich, inwiefern Erträge des Beteiligungsunternehmens im Unternehmen selbst thesauriert werden dürfen.

1. Verwendung der Erträge

Stiftungsrechtlich sieht § 83c Abs. 1 S. 2 BGB n.F. vor, dass aus dem Grundstockvermögen Nutzungen gezogen werden müssen, um den Stiftungszweck erfüllen zu können. Inwiefern hieraus ein Gebot der Gewinnerzielung aus Gesellschaftsbeteiligungen folgt und eine Stiftung auf eine Mindestausschüttung hinwirken muss, wird immer wieder diskutiert, ohne dass es hierzu eine gefestigte Auffassung gäbe.

Gemeinnützigkeitsrechtlich folgt aus dem Ausschließlichkeitsgrundsatz des § 56 AO, dass die Vermögensverwaltung und wirtschaftliche Geschäftsbetriebe der Beschaffung von Mitteln zur Erfüllung des Stiftungszwecks dienen müssen, d. h. auf Gewinnerzielung ausgerichtet sein müssen. Dies schließt jedoch nicht aus,

---

43 §§ 1 Abs. 1 Nr. 4, 9 Abs. 1 Nr. 4 ErbStG.

dass auch auf Ebene des Beteiligungsunternehmens Rücklagen gebildet werden dürfen.[44] Voraussetzung ist zum einen, dass sie bei vernünftiger kaufmännischer Beurteilung wirtschaftlich begründet sind.[45] Zum anderen muss für die Bildung einer Gewinnrücklage ein konkreter Anlass gegeben sein, der auch aus objektiver unternehmerischer Sicht die Bildung der Rücklage rechtfertigt. In Betracht kommen Gewinnrücklagen, insbesondere für konkrete Reparaturen und Erhaltungsmaßnahmen, für geplante Investitionen, für eine Betriebsverlegung oder Werkserneuerung oder Kapazitätsausweitung und zur Sicherung des wirtschaftlichen Erfolgs bzw. der Existenz des Betriebes.[46]

Weder stiftungsrechtlich noch gemeinnützigkeitsrechtlich besteht auch dann keine rechtliche Verpflichtung einer Stiftung, auf Ausschüttungen der Tochtergesellschaft in einer bestimmten Höhe hinzuwirken, wenn die Stiftung in dieser über die Stimmenmehrheit verfügt.[47] Auch eine abgestimmte Auffassung der Finanzverwaltung hierzu gibt es entgegen einzelnen anderslautenden Behauptungen bislang nicht. Gleichwohl ist eine Stiftung gehalten, aus ihrem Vermögen Erträge zur Verfolgung ihrer Zwecke zu generieren, so dass Gewinne nur dann in größerem Umfang thesauriert werden sollten, wenn dies – entsprechend der Argumentation zur Bildung von Rücklagen im wirtschaftlichen Geschäftsbetrieb[48] – bei vernünftiger kaufmännischer Beurteilung wirtschaftlich begründet ist.

2. Alternative Doppelstiftung?

Aufgrund eines zuweilen angenommenen bzw. befürchteten Ausschüttungsgebotes an gemeinnützige Stiftungen und aus vielen anderen Gründen werden zahlreiche große Unternehmen von einer Doppelstiftung gehalten. Dabei handelt es sich nicht um eine „doppelte Stiftung", sondern um zwei Stiftungen, eine gemeinnützige und eine steuerpflichtige (Familien-)Stiftung.[49] Die Gesellschaftsanteile an einem Unternehmen werden auf diese zwei Stiftungen aufgeteilt, sodass die gemeinnützige Stiftung in der Regel nicht über die Mehrheit der Stimmrechte verfügt. Die

---

44 AEAO zu § 55 Abs. 1 Nr. 1 Rn. 3 S. 3; zu § 62 Rn. 1; *Leichinger* in Buchna/Leichinger/ Seeger/Brox,, Gemeinnützigkeit im Steuerrecht, 12. Auflage 2023, S. 209, 211; *Römer* in Richter, Stiftungsrecht, 2. Auflage 2023, § 19 Rn. 458.

45 Vgl. § 14 Abs. 1 Nr. 4 KStG; *Hüttemann*, Gemeinnützigkeitsrecht und Spendenrecht, 5. Auflage 2021, Rz. 5.186.

46 Entsprechend der Argumentation zur Bildung von Rücklagen in einem wirtschaftlichen Geschäftsbetrieb bzw. der Vermögensverwaltung, vgl. AEAO zu § 62 Rz. 1.

47 *Römer* in Richter, Stiftungsrecht, 2. Auflage 2023, § 19 Rn. 461; *Kraus/Mehren*, DStR 2020, 1593 (1594).

48 Vgl. AEAO zu § 62 AO Rz. 1 S. 2 ff.

49 *Fleisch* in Fleisch/Eulerich/Krimmer/Schlüter/Stolte, Modell unternehmensverbundene Stiftung, S. 148 f.; zum Modell der Doppelstiftung siehe auch *Richter* in Richter, Stiftungsrecht, 2. Auflage 2023, § 11 Rz. 153 ff.; *Theuffel-Werhahn*, ZStV 2015, 201.

gemeinnützige Stiftung erhält häufig dennoch den ganz überwiegenden Anteil am unternehmerischen Vermögen, so dass bei der Vermögensübertragung insoweit die Steuerbefreiung nach § 13 Abs. 1 Nr. 16 Buchst. b ErbStG in Anspruch genommen werden kann. Den ganz überwiegenden Anteil an den Stimmrechten erhält die nicht steuerbegünstigte (Familien-)Stiftung, deren wesentliche Tätigkeit damit in der unternehmerischen Verwaltung der Beteiligung besteht. Zugleich wird so die Versorgung der Familie über die engen Grenzen des § 58 Nr. 6 AO[50] hinaus sichergestellt und vermieden, dass sich die Stiftungsaufsicht auf die Unternehmensführung erstreckt. Durch die Familienstiftung (oder einen anderen Minderheitsgesellschafter mit einem Mehrstimmrecht) sollen auf diese Art und Weise übermäßige Ausschüttungen aus der Gesellschaft verhindert werden.[51] Dennoch wird auch bei dieser Gestaltung in der Regel mit der Finanzverwaltung abgestimmt, wie hoch die Ausschüttungen in dem gemeinnützigen Bereich sein müssen.[52]

Die beiden Stiftungen können durch unterschiedliche Zwecksetzungen leicht in Konflikt geraten. Durch eine satzungsmäßige Verankerung von Minderheitsstimmrechten kann die gemeinnützige Stiftung ihre gemeinnützigen Interessen gegen die des Unternehmens nicht durchsetzen. Wird versucht, dem durch Personalunion ihrer Vorstände zu begegnen, wird der Zielkonflikt jedoch nur auf die Ebene der Vorstandsmitglieder verlagert, ohne dass die Interessenkollision beseitigt würde.[53] Zudem kann die Beteiligung durch eine solche Personalunion bei der gemeinnützigen Stiftung, trotz ihres Minderheitsstimmrechts, einen wirtschaftlichen Geschäftsbetrieb begründen.[54]

Wegen der Vielzahl der zu beachtenden Gesichtspunkte und bestehenden Rechtsunsicherheiten gehört die Errichtung einer Doppelstiftungsstruktur zu den anspruchsvolleren Herausforderungen in der Gestaltungsberatung und kommt regelmäßig nur bei einem entsprechendem (Unternehmens-)Vermögen in Betracht, damit sich der Aufwand (Beratungsaufwand bei der Errichtung, danach Verwaltungsaufwand im laufenden Betrieb) zum Nutzen in einem vertretbaren Verhältnis hält.[55]

---

50 Vgl. AEAO Nr. 11 ff. zu § 58 NR. 6 AO.

51 Eingehend zu den bestehenden Möglichkeiten mit Doppelstiftungen *Werner*, ZEV 2012, 244; *Spiegelberger*, Unternehmensnachfolge, 3. Auflage 2022, § 24 Rn. 194 ff.

52 *Dannecker*, DStR 2023, 1057 (1063).

53 *Hof/Bianchini-Hartmann/Richter*, Stiftungen, 2. Auflage 2010, S. 18.

54 *Friedrich/Steidle/Gunzelmann*, BB-Beil. 34/2006, 8; *Spiegelberger*, Unternehmensnachfolge, 3. Auflage 2022, § 24 Rn. 195.

55 *Theuffel-Werhahn*, ZStV 2015, 201 (209).

V. Krise im Beteiligungsunternehmen – Unterstützung durch die Stiftung zulässig?

Schließlich stellt sich die Frage, inwiefern bei einer Krise im Unternehmen eine finanzielle Unterstützung der Tochtergesellschaft durch die Stiftung zulässig ist. Gemeinnützigkeitsrechtlich ist die Erzielung von Verlusten durch eine Tochtergesellschaft für die Gemeinnützigkeit der die Beteiligung haltenden Stiftung an sich nicht schädlich. Von Seiten der Finanzverwaltung wird es aber als grundsätzlich nicht zulässig angesehen, Mittel des ideellen Bereichs wie bspw. Spenden, Zuschüsse und Rücklagen, Gewinne aus Zweckbetrieben und Erträge aus der Vermögensverwaltung und das entsprechende Vermögen für einen wirtschaftlichen Geschäftsbetrieb zu verwenden, z.B. zum Ausgleich eines Verlustes.[56] Entsprechendes gilt für Beteiligungen, die in der Vermögensverwaltung gehalten werden.[57] Dem liegt der Gedanke zugrunde, dass ein Ausgleich von Verlusten aus dem Mittelbeschaffungsbereich mit Mitteln des „gemeinnützigen" Bereichs gegen den Grundsatz verstößt, sämtliche Mittel für die gemeinnützigen Satzungszwecke zu verwenden (§ 55 Abs. 1 Nr. 1 S. 1 AO).[58]

Dementsprechend kann bereits die Gewährung eines (ungesicherten) Darlehens an das Beteiligungsunternehmen, bei der weder mit der Rückzahlung des Darlehens noch mit der Zahlung der vereinbarten Zinsen gerechnet werden kann, gemeinnützigkeitsrechtlich eine Mittelfehlverwendung darstellen.[59] Ist bei der gemeinnützigen Körperschaft eine bilanzielle Wertberichtigung des Beteiligungsansatzes oder einer Darlehensforderung gegenüber der Tochtergesellschaft wegen bei dieser eingetretener Verluste erforderlich, kann durch die dementsprechende Entstehung eines „Verlustes" die Gemeinnützigkeit der Stiftung für das Jahr der Verlustentstehung und Wertberichtigung abzuerkennen sein.

- In einem älteren Urteil aus dem Jahr 1968 hatte der BFH einen Ausgleich von Verlusten im wirtschaftlichen Geschäftsbetrieb noch für gemeinnützigkeitsunschädlich erklärt, wenn ein solcher Ausgleich nur „gelegentlich geschieht und der Ausgleich der Verluste auf anderem Wege ernsthaft versucht wird"[60]. Diese Rechtsprechung wurde mit dem BFH-Urteil vom 13.11.1996[61] jedoch erheblich verschärft: Hiernach sollte ein Verlustausgleich nur noch dann unschädlich

---

56 AEAO zu § 55 Abs. 1 Nr. 1 Rn. 4; hierzu kritisch *Hüttemann*, Gemeinnützigkeitsrecht und Spendenrecht, 5. Auflage 2021, Rz. 6.21 ff.

57 AEAO zu § 55 Abs. 1 Nr. 1 Rn. 9.

58 BFH v. 13.11.1996 – I R 152/93, BStBl. II 1998, 711.

59 *Leichinger* in Buchna/Leichinger/Seeger/Brox, Gemeinnützigkeit im Steuerrecht, 12. Auflage 2023, S. 164 f.

60 BFH v. 02.10.1068 – I R 40/68, BStBl. II 1969, 43; ebenso noch OFD Cottbus v. 10.09.1969, DB 1996, 2004.

61 BFH v. 13.11.1996 – I R 152/93, BStBl. II 1998, 711.

sein, wenn die Verluste auf einer Fehlkalkulation beruhten, und die Körperschaft bis zum Ende des dem Verlustentstehungsjahr folgenden Wirtschaftsjahrs dem ideellen Tätigkeitsbereich wieder Mittel in entsprechender Höhe zuführt. Diese Mittel dürften jedoch weder aus Zweckbetrieben oder der Vermögensverwaltung noch aus Beiträgen oder anderen Zuwendungen stammen, die zur Förderung der steuerbegünstigten Zwecke der Körperschaft bestimmt sind. Die Finanzverwaltung hat sodann Ausnahmen aufgestellt, bei deren Vorliegen ein Verlust im Mittelbeschaffungsbereich im Ergebnis unschädlich ist:[62]

- Zunächst ist zu beachten, dass für die Frage, ob überhaupt ein Verlust aus wirtschaftlichen Geschäftsbetrieben vorliegt, das saldierte Ergebnis des einheitlichen steuerpflichtigen wirtschaftlichen Geschäftsbetriebs (§ 64 Abs. 2 AO) maßgeblich ist.[63] Dies bedeutet, dass gemeinnützige Körperschaften einen (dauer-)defizitären wirtschaftlichen Betrieb unterhalten dürfen, ohne die Gemeinnützigkeit zu gefährden, wenn sie die Verluste mit Überschüssen anderer steuerpflichtiger Aktivitäten ausgleichen können.[64]
- Verbleibt danach ein Verlust, lässt die Finanzverwaltung einen Verlust unbeanstandet, wenn dem ideellen Bereich in den sechs vorangegangenen Jahren Gewinne des einheitlichen wirtschaftlichen Geschäftsbetriebs in mindestens gleicher Höhe zugeführt worden sind.[65] Insoweit ist der Verlustausgleich im Entstehungsjahr als Rückgabe früherer Gewinnabführungen anzusehen.
- Ferner ist ein Verlust des einheitlichen steuerpflichtigen wirtschaftlichen Geschäftsbetriebs unschädlich, wenn er ausschließlich durch die Berücksichtigung von anteiligen Abschreibungen auf gemischt genutzte Wirtschaftsgüter entstanden ist, und bestimmte Voraussetzungen erfüllt sind.[66]

Darüber hinaus ist der Ausgleich des Verlustes eines steuerpflichtigen wirtschaftlichen Geschäftsbetriebs mit Mitteln des ideellen Bereichs unschädlich für die Steuerbegünstigung, wenn

- der Verlust auf einer Fehlkalkulation beruht[67] (wobei die Finanzverwaltung bei wirtschaftlichen Geschäftsbetrieben, die bereits „längere Zeit" bestehen, unterstellt, dass ein Verlust auf einer Fehlkalkulation beruht),[68]

---

62 Heute geregelt in AEAO Nr. 4 bis 8 zu § 55 Abs. 1 Nr. 1 AO.
63 AEAO Nr. 4 S. 2 zu § 55 Abs. 1 Nr. 1 AO.
64 *Hüttemann*, Gemeinnützigkeitsrecht und Spendenrecht, 5. Auflage 2021, Rz. 6.16; AEAO Nr. 4 S. 3 zu § 55 Abs. 1 Nr. 1 AO.
65 AEAO Nr. 4 S. 4 zu § 55 Abs. 1 Nr. 1 AO; dazu eingehend Leichinger in *Buchna/Leichinger/Seeger/Brox*, Gemeinnützigkeit im Steuerrecht, 12. Auflage 2023, S. 160.
66 Vgl. AEAO Nr. 5 zu § 55 Abs. 1 Nr. 1 AO; *Kirchhain* in Schauhoff/Kirchhain, Handbuch der Gemeinnützigkeit, 4. Auflage 2023, § 7 Rn. 21.
67 Zum Begriff der Fehlkalkulation eingehend *A. Werner/Bartmuß*, DB 2021, 2583 (2586 ff.).
68 AEAO Nr. 8 S. 2 zu § 55 Abs. 1 Nr. 1 AO.

- die Körperschaft innerhalb von zwölf Monaten nach Ende des Wirtschaftsjahres, in dem der Verlust entstanden ist, dem ideellen Tätigkeitsbereich wieder Mittel in entsprechender Höhe zuführt und
- die zugeführten Mittel nicht aus Zweckbetrieben, aus dem Bereich der Vermögensverwaltung, aus Beiträgen oder anderen Zuwendungen, die zur Förderung der steuerbegünstigten Zwecke der Körperschaft bestimmt sind, stammen.[69]
- Schließlich gilt für Verluste, die bis zum 31.12.2022 nachweislich aufgrund der Auswirkungen der Corona-Krise entstanden sind, eine befristete Ausnahme im Billigkeitswege.[70]
- Für Anlaufverluste eines neuen wirtschaftlichen Geschäftsbetriebs soll die Verwendung von Mitteln des ideellen Bereichs für den Ausgleich von Verlusten außerdem unschädlich für die Steuerbegünstigung sein, wenn mit Anlaufverlusten zu rechnen war.[71] Auch in diesem Fall muss die Körperschaft aber i.d.R. innerhalb von drei Jahren nach dem Ende des Entstehungsjahres des Verlustes dem ideellen Bereich wieder Mittel, die gemeinnützigkeitsunschädlich dafür verwendet werden dürfen, zuführen.[72] Sobald somit absehbar ist, dass durch den neuen wirtschaftlichen Geschäftsbetrieb keine Überschüsse erzielt werden können, ist die wirtschaftliche Tätigkeit einzustellen.[73]
- Die dargestellten Grundsätze sind nach Auffassung der Finanzverwaltung entsprechend für Verluste im Bereich der Vermögensverwaltung und den Ausgleich dieser mit Mitteln der anderen Bereiche anzuwenden.[74] Dabei ist unklar, wie eine entsprechende Anwendung in der Praxis erfolgen soll, ob beispielsweise Ergebnisse aus den steuerpflichtigen wirtschaftlichen Geschäftsbetrieben und der Vermögensverwaltung saldiert werden können.[75] Auch größere Erhaltungsaufwendungen an einem Mietobjekt und Investitionen, die nachhaltig zu einer gesteigerten Rendite führen, müssen trotz Entstehung eines Aufwandsüberschusses in einzelnen Veranlagungszeiträumen nicht per se schädlich sein.

---

69 AEAO Nr. 6 Abs. 1 zu § 55 Abs. 1 Nr. 1 AO unter Verweis auf BFH-Urteil v. 13.11.1996, I R 152/93, BStBl. 1998 II S. 711.

70 BMF v. 09.04.2020, BStBl. I 2020, 498 (unter VIII.1.), verlängert bis zum 31.12.2021 durch BMF v. 18.12.2020, BStBl. I 2021, 57, weiter verlängert bis 31.12.2022 durch BMF v. 15.12.2021, BStBl. I 2021, 2476.

71 AEAO Nr. 8 S. 3 zu § 55 Abs. 1 Nr. 1 AO.

72 AEAO Nr. 8 S. 4 zu § 55 Abs. 1 Nr. 1 AO; Leichinger in *Buchna/Leichinger/Seeger/ Brox*, Gemeinnützigkeit im Steuerrecht, 12. Auflage 2023, S. 160 f.

73 *Kirchhain* in Schauhoff/Kirchhain, Handbuch der Gemeinnützigkeit, 4. Auflage 2023, § 7 Rn. 25; *Hüttemann*, Gemeinnützigkeitsrecht und Spendenrecht, 5. Auflage 2021, Rz. 6.23 und 6.25; *A. Werner/Bartmuß*, DB 2021, 2583 (2592).

74 AEAO Nr. 9 zu § 55 Abs. 1 Nr. 1 AO.

75 *Kirchhain* in Schauhoff/Kirchhain, Handbuch der Gemeinnützigkeit, 4. Auflage 2023, § 7 Rn. 22.

Maßgeblich sollte vielmehr sein, ob aus einer ex ante-Sicht die verlustbringende Investition auf Gewinnerzielung ausgerichtet und damit wirtschaftlich vertretbar war.[76] Gleiches gilt für Verluste im Bereich der Kapitalanlagen, die nicht auf einer ermessensfehlerhaften Anlageentscheidung der Organe, sondern aufgrund nicht vorhersehbarer Entwicklungen auf den Finanzmärkten entstanden sind.[77]

• Im Ergebnis bleibt festzuhalten, dass eine finanzielle Unterstützung einer in eine Krise gekommenen Beteiligungsgesellschaft durch eine gemeinnützige Stiftung auch gemeinnützigkeitsrechtlich möglich ist, aber – jedenfalls nach Auffassung der Finanzverwaltung – weitgehenden Beschränkungen unterliegt und daher im Vorhinein sorgfältig geprüft werden sollte, damit die Gemeinnützigkeit der Stiftung nicht gefährdet wird.[78]

VI. Fazit

Für eine krisensichere Gestaltung einer (Unternehmens-)Stiftung und ihrer Beteiligungsunternehmen sollte sowohl auf Ebene der Stiftung als auch auf Ebene des Unternehmens Vorsorge getroffen werden. In steuerrechtlicher Hinsicht sind dabei bereits bei Errichtung der Stiftung einige Punkte zu beachten. Dann sollte der Fokus auf die Einrichtung einer funktionierenden, zu der jeweiligen Stiftung passenden (Tax) Compliance gerichtet werden. Schließlich sollten die stiftungs- und gemeinnützigkeitsrechtlichen Möglichkeiten zur Bildung von Rücklagen sowohl auf Ebene der Stiftung auch im Bereich der Vermögensverwaltung und eines wirtschaftlichen Geschäftsbetriebs als auch bei der Tochtergesellschaft sorgfältig geprüft und ausgeschöpft werden, um Liquiditätsengpässe bei der Stiftung bzw. ihrer Tochtergesellschaften zu vermeiden. Die finanzielle Unterstützung von Beteiligungsunternehmen durch eine gemeinnützige Gesellschafterin ist nämlich nur in engen Grenzen zulässig.

VII. Abstract

This essay by *Judith Mehren*, specialist lawyer for tax law and partner at *Flick Gocke Schaumburg Rechtsanwälte Wirtschaftsprüfer Steuerberater Partnerschaft mbB*, deals with the structuring of (corporate) foundations (*Unternehmensstiftungen*) in

---

76 Leichinger in *Buchna/Leichinger/Seeger/Brox*, Gemeinnützigkeit im Steuerrecht, 12. Auflage 2023, S. 163; *Hüttemann*, Gemeinnützigkeitsrecht und Spendenrecht, 5. Auflage 2021, Rz. 6.22.

77 *Kirchhain* in Schauhoff/Kirchhain, Handbuch der Gemeinnützigkeit, 4. Auflage 2023, § 7 Rn. 22.

78 Zu den Rechtsfolgen schädlicher Verluste vgl. *A. Werner/Bartmuß*, DB 2021, 2583 (2590 ff.).

a crisis-proof manner in regard to tax law. First, *Mehren* defines the meaning of corporate foundation and various crisis scenarios. She then explains which structure can be chosen when endowing the foundation with capital. In doing so, she considers the inheritance and gift tax burden as well as the future income tax burden. *Mehren* then explains what options exist for providing a crisis: Firstly, at foundation level, tax compliance can be implemented, reserves can be set aside, or provisions can be made for inheritance tax, gift tax and inheritance substitute tax. However, measures can also be taken at the level of the associated corporation.

Finally, Mehren deals with the question of whether support from the foundation is permissible in the event of a crisis at the corporate level.

Alexa Große-Heidermann[*]

Aktuelle Probleme aus Sicht der Stiftungsaufsicht

I. Einführung

Der Arbeitsbereich der nordrhein-westfälischen Stiftungsaufsicht ist sehr vielfältig. So ist der Arbeitsplatz geprägt von

- der Vielfalt der Gesellschaft,
- dem Ideenreichtum und den Vorstellungen potenzieller Stifter:innen,
- den Sorgen und Nöten von Stiftungen im Hinblick auf ihre Lebensfähigkeit,
- der Kreativität von Stiftungen,
- den Konflikten innerhalb der Stiftungen,
- vermeintlichen Ansprüchen Dritter (z. B. auskunftsverlangende Vermögensberater),
- der Prüfung von Beendigungstatbeständen von Stiftungen.

Doch über allem steht der Wille der Stifter:innen und die Beachtung von Recht und Gesetz einschließlich der Klärung der Zuständigkeit der Stiftungsaufsicht.

---

[*] *Alexa Große-Heidermann* ist seit Dezember 2008 bei der Bezirksregierung Münster als Sachbearbeiterin im Dezernat 21 – Stiftungs- und Vereinsangelegenheiten – tätig. Seit 2019 ist sie zudem zertifizierte Stiftungsberaterin.

Aufgrund des großen gesellschaftlichen Spektrums, in welchem sich das Stiftungsrecht abspielt, ist es nicht verwunderlich, dass die Stiftungsaufsicht mit so manch kniffeligem Sachverhalt konfrontiert wird. Ein solcher wird im Folgenden aufgearbeitet.

Zunächst erfolgt in Kapitel zwei die Darstellung der Stiftungsaufsicht nach dem Stiftungsgesetz für das Land Nordrhein-Westfalen (StiftG NRW), im anschließenden Kapitel drei sodann die rechtliche Prüfung des Fallbeispiels, einschließlich des Vorgehens der Stiftungsaufsicht in diesem konkreten Fall. Im abschließenden Kapitel vier, dem Fazit, wird Resümee über das Fallbeispiel und die Konsequenzen in der weiteren Sachbearbeitung der Stiftungsaufsicht gezogen.

II. Stiftungsaufsicht nach dem Stiftungsgesetz NRW

Der Grundsatz der Stiftungsaufsicht wird in § 6 StiftG NRW normiert.

Es handelt sich bei der Stiftungsaufsicht um eine reine Rechtsaufsicht über die rechtsfähigen Stiftungen des bürgerlichen Rechts, die ihren Sitz in Nordrhein-Westfalen haben (§ 6 Abs. 1 i.V.m. § 1 StiftG NRW). Kirchliche Stiftungen und diesen gleichgestellten Stiftungen sowie Stiftungen, die ausschließlich oder überwiegend private Zwecke verfolgen, unterliegen einer eingeschränkten Stiftungsaufsicht (§ 6 Abs. 1 und 3 StiftG NRW).

Das nordrhein-westfälische Stiftungsgesetz sieht konkrete Mittel und Maßnahmen der Ausübung der Stiftungsaufsicht in den §§ 7 bis 11 vor. Dabei wird differenziert zwischen präventiver und repressiver Stiftungsaufsicht[1] Zur präventiven Stiftungsaufsicht, geregelt in § 7 StiftG NRW, zählt das Prüfungs- sowie Unterrichtungsrecht. Die repressive Stiftungsaufsicht ermächtigt die Stiftungsaufsicht zu einem Eingreifen in das Stiftungshandeln (§ 8 StiftG NRW) und die Stiftungsorganisation (§ 9 StiftG NRW), zur Zweckänderung und Aufhebung der Stiftung (§ 10 StiftG NRW) sowie zur Geltendmachung von Schadensersatzansprüchen der Stiftung gegenüber ihren Organmitgliedern (§ 11 StiftG NRW).

Auch wenn nicht explizit im nordrhein-westfälischen Stiftungsgesetz geregelt, so ist eines der zentralsten Mittel und wesentlicher Bestandteil der Stiftungsaufsicht die Beratung.[2] Ihr Sinn und Zweck ist die Informations- und Warnfunktion.

Unterstützt durch die Beratung potenzieller Stifter:innen und Stiftungen kommt die Stiftungsaufsicht ihrer Aufgabe nach, zu überwachen und sicherzustellen, dass die Stiftungsorgane den in Stiftungsgeschäft und Stiftungssatzung ausgedrückten Stifterwillen beachten und die Stiftungstätigkeit im Einklang mit Recht und Gesetz steht (§ 6 Abs. 2 StiftG NRW). § 6 Abs. 2 StiftG NRW hat zur Folge, dass die Stiftung

---

1 *Andrick/Suerbaum*, Stiftungsgesetz Nordrhein-Westfalen, Kommentar, C. H. Beck, 2016, § 7 Rn. 1.

2 *Andrick/Suerbaum*, Stiftungsgesetz Nordrhein-Westfalen, Kommentar, C. H. Beck, 2016, § 7 Rn. 3.

als mitgliederloses Rechtssubjekt unter dem Schutz der Stiftungsaufsicht steht. Die Stiftungsaufsicht hat sie zu schützen, insbesondere auch davor, dass ihre Interessen und damit die Verwirklichung des Willens des Stifters bzw. der Stifterin durch ihre eigenen Organe nicht verletzt werden.[3] Das Gesetz räumt der Stiftungsaufsicht bei ihrem Handeln Ermessen ein. Zu beachten bei der Ermessensausübung sind die Grundsätze der Subsidiarität der Stiftungsaufsicht sowie der Verhältnismäßigkeit und Angemessenheit. So findet bei der Betrachtung eines Sachverhaltes eine Abwägung der in Frage kommenden Maßnahmen statt. Relevant für den Abwägungsprozess ist dabei stets der in dem Stiftungsgeschäft und in der Satzung manifestierte Stifterwille (sog. historischer Stifterwille).

Besonders der Abwägungsprozess stellt in der Praxis hin und wieder die Stiftungsaufsicht vor Herausforderungen, wie das nachfolgende Fallbeispiel veranschaulicht.

III. Fallbeispiel und rechtliche Bewertung des Sachverhalts

Zur Aufarbeitung des Fallbeispiels wird zunächst der Sachverhalt dargestellt.

1. Sachverhalt

In dem hier dargestellten Fallbeispiel geht es um eine steuerbegünstigte Stiftung, die im Jahr 2007 von einem wohlhabenden Unternehmer[4] als sog. Anstiftung errichtet wurde. Der Unternehmer legte im Stiftungsgeschäft fest, dass die Stiftung Testamentserbin wird. Darüber hinaus bestimmte er sich zum ersten Stiftungsvorstand.

Anfang des Jahres 2019 unterrichteten nahe Angehörige die Stiftungsaufsicht über die Demenzerkrankung des Unternehmers. Demnach sei diesem ein amtlicher Betreuer zur Seite gestellt worden. Nach kurzer Zeit habe das Betreuungsverhältnis gewechselt. Die amtliche Betreuung habe nun ein Rechtsanwalt übernommen, den der Unternehmer über seinen Vermögensberater kennengelernt hat.

Die Angehörigen waren misstrauisch geworden: Nicht nachvollziehbare Vermögensdispositionen sowie das Wissen, dass der Betreuer und der Vermögensberater geschäftliche Beziehungen zueinander pflegten und den Unternehmer vermehrt – auch gemeinsam – aufsuchten, erregten ihre Aufmerksamkeit. Die Angehörigen mutmaßten, dass der Betreuer und eventuell auch der Vermögensberater versuchten, sowohl auf die private Vermögenssituation des Unternehmers, auf die der Stiftung sowie auch auf das Testament durch Testamentsänderung

---

3   *Andrick/Suerbaum*, Stiftungsgesetz Nordrhein-Westfalen, Kommentar, C. H. Beck, 2016, § 6 Rn. 21.

4   Aus Gründen des Datenschutzes sind personenbezogene Daten und auch zur Stiftung verfremdet worden.

Einfluss zu nehmen. Die Äußerungen und Mutmaßungen der Angehörigen wurden ebenfalls durch den Unternehmer (Stiftungsvorstand) bestätigt.

Im weiteren Zeitablauf gingen zwei Beschlüsse des Betreuungsgerichtes ein: ersterer über die erstmalige Bestellung eines Berufsbetreuers, der zweite über die amtliche Bestellung des aktuellen Betreuers.

Mit beiden Bestellungsbeschlüssen wurde jeweils folgender Aufgabenkreis den Betreuern zugewiesen:

> *„Die Bestellung umfasst folgende Aufgabenkreise:*
> *Vermögensangelegenheiten.*
> *Der Betroffene bedarf zur Wirksamkeit im Bereich der Vermögensangelegenheiten der Einwilligung des für diesen Aufgabenkreis bestellten Betreuers (Einwilligungsvorbehalt)."*

Zu klären war die Frage, ob und wann und wie die Stiftungsaufsicht in diesem Fall einschreiten musste und welche Auswirkung die Bestellung eines Betreuers in Vermögensangelegenheiten auf das Stiftungsorgan, hier der Vorstand, hatte.

2. Prüfung des Sachverhalts durch die Stiftungsaufsicht

Durch Auslegung des Stiftungsgesetzes NRW ist ein Einschreiten dann erforderlich, wenn der Stiftungsvorstand den in Stiftungsgeschäft und -satzung ausgedrückten Stifterwillen nicht beachtet und deren Tätigkeit gegen Recht und Gesetz verstößt.

Fraglich ist demnach, ob durch die Missachtung des Stifterwillens die Erfüllung des Stiftungszwecks gefährdet sein könnte.

a) Prüfung der Jahresabschlüsse

Der Sachverhalt lässt eine abschließende Beurteilung, ob der Stiftungszweck gefährdet sein könnte, nicht zu, so dass die Stiftungsaufsicht zunächst von ihrem Prüfrecht nach § 7 Abs. 1 StiftG NRW Gebrauch machte und noch ausstehende Jahresabschlüsse anforderte. Zwar kann mit diesem Aufsichtsinstrument lediglich rückblickend die Wahrung des Stifterwillens in Form der Vermögenserhaltung und der satzungsgemäßen Mittelverwendung beurteilt werden. Allerdings können durch diesen Schritt die grundsätzliche finanzielle Situation und das grundsätzliche satzungsgemäße Wirken der Stiftung ermittelt werden.

Die Prüfung der Jahresabschlüsse ergab eine Erhöhung des Stiftungsvermögens und der Vermögensanlage sowie eine Erhöhung der Verbindlichkeiten und eine deutliche Kostensteigerung.

Folglich fragte die Stiftungsaufsicht zu den festgestellten Prüfungsergebnissen der Jahresabschlüsse bei der Stiftung nach. Ihre Nachfrage stützte sie auf ihr Unterrichtungsrecht aus § 7 Abs. 3 StiftG NRW. Auch wenn § 7 Abs. 3 StiftG NRW für das Auskunftsverlangen voraussetzt, dass der Stiftungsaufsicht Anhaltspunkte dafür vorliegen müssen, dass bei der Verwaltung der Stiftung gegen gesetzliche Bestimmungen oder die Satzung verstoßen wurde, so bedeutet dies nicht, dass die

Anhaltspunkte dazu bereits feststehen müssen.[5] Vielmehr dient das Unterrichtungsrecht der Stiftungsaufsicht dazu, einzelne Sachverhalte aufzuklären, um so Rechtsverstöße der Stiftungsorgane zu verhindern.[6] Die zu klärenden Nachfragen zu den Jahresabschlüssen der Stiftung wurden von dem Steuerberater der Stiftung (beauftragt durch den Betreuer) wie folgt beantwortet:

• Im Jahr vor der amtlichen Betreuung seien für die Stiftung vermehrt externe Dienstleister (Steuerberater, Vermögensverwalter) tätig geworden und hätten wesentlich zur Kostensteigerung beigetragen,
• mit der Verwaltung des Stiftungsvermögens sei eine Vermögensberatungsfirma beauftragt worden. Wie sich herausstellte, war der Vermögensberater des Unternehmers bei eben dieser vorgenannten Vermögensverwaltungsfirma tätig.

Ein weiteres Einschreiten nach § 7 Abs. 3 und §§ 8 und 9 StiftG NRW war aufgrund der Erkenntnisse aus den Jahresabschlüssen einschließlich der Stellungnahme nicht angemessen. Verhältnismäßig war nur der Hinweis auf die Grundsätze der Sparsamkeit und Wirtschaftlichkeit sowie Angemessenheit hinsichtlich der satzungsgemäßen Mittelverwendung.

Damit blieb lediglich die Prüfung des Einschreitens in die Organisationsstruktur der Stiftung aufgrund der Bestellung des Betreuers.

b) Prüfung des repressiven Einschreitens in die Organisationsstruktur der Stiftung aufgrund der Bestellung eines Betreuers

Zur Klärung der Auswirkung einer amtlichen Betreuung in Vermögensangelegenheiten auf die Stiftung hatte die Stiftungsaufsicht mangels Rechtsprechung auf folgende rechtliche Bewertung[7] zurückgegriffen, um zunächst die Bedeutung einer Betreuung in Vermögensangelegenheiten zu eruieren.
Dort hieß es unter Vermögenssorge:

„Im Bereich des Aufgabenkreises Vermögenssorge hat der rechtliche Betreuer die finanziellen Angelegenheiten des betreuten Menschen zu regeln. [...] Bei vermögenden Betreuten ist die Aufgabe des rechtlichen Betreuers in erster Linie die Verwaltung des Vermögens, [...] Mitunter kommt hier auch [...] in Betracht [...] die Fortführung von Betrieben und Gesellschaften. Einzelne besondere Vermögensverfügungen, wie beispielsweise die Veräußerung einer Immobilie oder den Verkauf von Wertpapieren, kann der rechtliche Betreuer nicht allein, sondern nur mit Genehmigung des Betreuungsgerichts

5 *Andrick/Suerbaum*, Stiftungsgesetz Nordrhein-Westfalen, Kommentar, C. H. Beck, 2016, § 7 Rn. 11.
6 *Andrick/Suerbaum*, Stiftungsgesetz Nordrhein-Westfalen, Kommentar, C. H. Beck, 2016, § 7 Rn. 10.
7 https://www.anwalt-giese.de/betreuungsrecht-bremen/auf-gabenkreise-betreuer/.

durchführen. Hierdurch soll sichergestellt werden, dass der rechtliche Betreuer die Verfügungen nur zum Wohle des rechtlich betreuten Menschen vornimmt und stets dessen Interessen im Blick hat. [...]

Die Einrichtung einer rechtlichen Betreuung mit dem Aufgabenkreis Vermögenssorge führt nicht automatisch zu der Geschäftsunfähigkeit des rechtlich betreuten Menschen. [...] Der betreute Mensch kann auch bei Einrichtung einer rechtlichen Betreuung mit dem Aufgabenkreis Vermögenssorge weiterhin rechtswirksam Rechtsgeschäfte tätigen [...] Geschäftsunfähigkeit liegt [...] nur dann vor, wenn sich dieser Mensch gemäß § 104 Bürgerliches Gesetzbuch BGB in einem die freie Willensbildung ausschließenden Zustand krankhafter Störung der Geistestätigkeit befindet und dieser Zustand nicht vorübergehender Natur ist.“

Unter Hinzunahme der Beschlüsse des Betreuungsgerichtes orientierte sich die Stiftungsaufsicht an diesen und schloss sich der oben genannten Auffassung an. Das bedeutete, lediglich in vermögensrechtlichen Angelegenheiten der Stiftung musste der Vorstand in Person des Unternehmers die Einwilligung der amtlichen Betreuung einholen. Hinsichtlich einer festgestellten Geschäftsunfähigkeit des Unternehmers enthielten die vorgenannten Beschlüsse keine Äußerungen.

Damit wirkte sich für die Stiftungsaufsicht die gesetzliche Betreuung in Vermögensangelegenheiten nicht auf die Organisationsstruktur der Stiftung aus, sondern nur auf die Vermögensangelegenheiten der Stiftung.

Neben den Auffälligkeiten in den Jahresabschlüssen hatte durch die Bestellung eines Betreuers in vermögensrechtlichen Angelegenheiten für den Unternehmer die Stiftungsaufsicht die ordnungsgemäße Wahrnehmung der dem Stiftungsvorstand obliegenden Rechte und Pflichten zu hinterfragen.

Hinsichtlich der Einordnung, inwiefern die Betreuungssituation des Unternehmers die Geschicke der Stiftung beeinflusste, hatte die Stiftungsaufsicht den § 9 StiftG NRW als Eingriffsnorm der repressiven Stiftungsaufsicht herangezogen, unter der Beachtung des Grundsatzes der Subsidiarität der Stiftungsaufsicht und der Verhältnismäßigkeit des Eingreifens durch die Stiftungsaufsicht.

Nach § 9 Abs. 1 StiftG NRW kann die Stiftungsaufsicht verlangen, dass ein Organmitglied abberufen und an dessen Stelle ein neues Mitglied berufen wird; vorausgesetzt, dass das betreffende Organmitglied sich einer groben Pflichtverletzung schuldig gemacht hat oder es zur ordnungsgemäßen Wahrnehmung seiner der Stiftung gegenüber bestehenden Pflichten nicht mehr in der Lage ist.

Im vorliegenden Fall war Fakt, dass dem Ein-Personen-Vorstand bis dato keine grobe und schuldhafte Pflichtverletzung vorzuwerfen war. Ebenso erschien eine nicht ordnungsgemäße Wahrnehmung der Vorstandspflichten durch den Unternehmer als Vorstand fraglich und nicht eindeutig zu beantworten. Zu berücksichtigen war, dass hinsichtlich der nicht ordnungsgemäßen Wahrnehmung kein Verschulden vorausgesetzt wird, sondern eine objektive Unfähigkeit zur

Pflichtenwahrnehmung ausreichend ist.[8] Nach Meinung der Literatur[9] kann im Falle einer nicht bloß kurzfristigen Erkrankung eine objektive Unfähigkeit bestehen.

Eine Einschätzung zum Stadium und Fortschreiten der Demenzerkrankung lag im Zeitpunkt der Prüfung nicht vor, sodass nicht von einer generellen Vorstandspflichtverletzung ausgegangen werden konnte.

Entscheidungen nach § 9 Abs. 1 StiftG NRW sind Ermessensentscheidungen. Das Ermessen der Stiftungsaufsicht kann sich auf Null reduzieren, d. h. sie ist zum Einschreiten gezwungen, wenn sich abzeichnet, dass die Gefahr einer Schädigung der Stiftung zunimmt, und vor allem ihr Stiftungsvermögen sich verringert, oder im schlimmsten Falle die Stiftung vernichtet wird. Die Stiftungsaufsicht nahm zum Zeitpunkt der Prüfung an, dass die Stiftung zwar Gefahr laufen könnte Schaden zu nehmen, jedoch war diese Annahme nicht belegbar, weil paradoxerweise keine Verringerung des Stiftungsvermögens bis hin zum Verlust der Stiftungsexistenz vorerst erkennbar war. Ein Einschreiten nach § 9 Abs. 1 StiftG NRW wurde daher als nicht verhältnismäßig erachtet.

Es bleibt festzuhalten, dass ein Einschreiten nach § 9 Abs. 1 StiftG NRW nicht geboten war. Ein Einschreiten nach § 9 Abs. 2 StiftG NRW war ebenfalls nicht angezeigt, da bereits das Einschreiten nach § 9 Abs. 1 StiftG NRW nicht einschlägig gewesen war.

Zusammenfassend kann daher festgehalten werden: Weil die Stiftungsaufsicht nicht verlangt hatte, konnte sie auch nicht anordnen.

Aus dieser Konsequenz lehnte die Stiftungsaufsicht ebenfalls die Bestellung eines Sachverwalters nach § 9 Abs. 3 StiftG NRW ab, da die Bestellung eines Sachverwalters einen „außerordentlich gravierenden Eingriff"[10] in die Stiftungsorganisation darstellt (Konsequenz des Stufenmodells).

Da die Stiftungsaufsicht aufgrund ihrer Prüfung ein Einschreiten nach den §§ 7 bis 9 StiftG NRW als nicht geboten ansah, war in einem weiteren Schritt zu prüfen, ob ein präventives Einschreiten auf Grundlage der Generalklausel in § 6 Abs. 2 StiftG NRW möglich war.

---

8 *Andrick/Suerbaum*, Stiftungsgesetz Nordrhein-Westfalen, Kommentar, C. H. Beck, 2016, § 9 Rn. 8.

9 *Andrick/Suerbaum*, Stiftungsgesetz Nordrhein-Westfalen, Kommentar, C. H. Beck, 2016, § 9 Rn. 8.

10 *Andrick/Suerbaum*, Stiftungsgesetz Nordrhein-Westfalen, Kommentar, C. H. Beck, 2016, § 9 Rn. 27.

c) Prüfung des präventiven Einschreitens in die Organisationsstruktur der Stiftung aufgrund der Bestellung eines Betreuers

Die Stiftungsaufsicht nahm im Rahmen von § 6 Abs. 2 StiftG NRW in Form einer schriftlichen Beratung ihre Informations- und Warnfunktion gegenüber der Stiftung wahr.

Hierzu stellte sie zunächst folgende Überlegungen an:

- Was wäre, wenn der alleinige Vorstand sein Amt auf Vorschlag der Stiftungsaufsicht niederlegt und ein Notvorstand zu bestellen wäre?
- Wie sähe es mit der zukünftigen Besetzung des Stiftungsvorstandes aus?

Denn die in der Stiftungsverfassung enthaltene postmortale Regelung (die testamentarische Regelung lag nicht vor) bliebe, so dass nach dem Tod des Stifters – unabhängig davon, ob er bis dahin dem Stiftungsvorstand angehört oder nicht – von ihm benannte Personen den Vorstand bilden. Aufgrund dieser Regelung könnte beispielsweise eine Sachwaltereinsetzung nicht die Eingriffe des Betreuers bzw. des Vermögensberaters verhindern, denn die Satzung sah in Auszügen vor:

„§ Organ der Stiftung
Abs. 2: Der Vorstand besteht aus einer oder drei Personen. Zu Lebzeiten des Stifters soll
der Vorstand nur aus dem Stifter bestehen. Den ersten Vorstand nach dem Tode des Stif-
ters bestimmt der Stifter durch Verfügung von Todes wegen. Wird eine entsprechende
Bestimmung nicht getroffen, wird der Vorstand durch den Geschäftsführer des Bundes-
verbandes Deutscher Stiftungen e. V. ernannt. [...]"

Aufgrund der glaubhaften Aussagen der Angehörigen als glaubwürdige Zeugen und auch der des Unternehmers-/ Stifters-/ Stiftungsvorstands, des Satzungsinhaltes und der Vorüberlegungen der Stiftungsaufsicht stellte sich folgendes rechtlich relevante Problem dar:

- Zu Lebzeiten des Stifters könnte der Betreuer Einfluss auf die finanzielle Situation der Stiftung nehmen (Übernahme der Vorstandsrolle und dadurch Kontrolle über das Stiftungsvermögen.).
- Darüber hinaus könnte der Vermögensberater über seine zusätzliche geschäftliche Beziehung zum Betreuer von der Vermögensverwaltung der Stiftung profitieren.
- Zudem könnten im Todesfalle des Stifters beide – Betreuer und Vermögensberater – zu Stiftungsvorständen bestellt werden, wenn der Stifter diese bis dahin testamentarisch zum ersten Vorstand der Stiftung nach seinem Tod eingesetzt hätte.

Infolgedessen wurde eine Satzungsänderung in dem § *Organ der Stiftung – Abs. 2* als notwendig und zielführend zum Schutz der Stiftung und Wahrung des Stifterwillens erachtet.

Vordergründig mag dieses Vorgehen als eine Missachtung des Stifterwillens gesehen werden, weil durch die Anregung diese Satzungsänderung die Möglichkeit eröffnet, bereits zu Lebzeiten des Stifters den Vorstand zu erweitern. Bedenkt man jedoch, dass der Stifterwille sich im Wesentlichen in den Satzungsbestimmungen zum Stiftungszweck, -vermögen und zur Stiftungsorganisation ausdrückt, hat eine Abwägung der unterschiedlichen Aspekte des Stifterwillens zu erfolgen. Oberste Prämisse ist stets die dauernde und nachhaltige Verwirklichung des Stiftungszwecks, wie ihn die Satzung vorsieht oder – hilfsweise –, wie es der mutmaßliche Wille der Stifterin bzw. des Stifters erfordert (§ 4 Abs. 1 StiftG NRW). Dazu tragen dienend sowohl das Stiftungsvermögen als auch die Stiftungsstrukturen bei.

Ferner schloss die Stiftungssatzung eine derartige Satzungsänderung nicht aus, sodass der Stiftungsvorstand als zuständiges Stiftungsorgan diese Änderung beschließen konnte, zumal sie nicht der Erfüllung des Stiftungszwecks widerspricht.

Wäre eine Satzungsänderung nicht durchgeführt worden, wäre grundsätzlich nicht auszuschließen und zu verhindern gewesen, dass die bisherige Ausgeglichenheit von Stiftungsvermögen, -organisation und -zweck beeinträchtigt würde.

Um die Stiftung vor den eigennützigen Interessen der einzelnen (künftigen) Vorstandsmitgliedern zu schützen und so die Verwirklichung des Stifterwillens sicherzustellen, war das präventive Einschreiten der Stiftungsaufsicht nach § 6 Abs. 2 i.V.m. § 5 StiftG NRW unter Beachtung der Grundsätze der Subsidiarität der Stiftungsaufsicht und Verhältnismäßigkeit gerechtfertigt, so dass sich folgendes Vorgehen der Stiftungsaufsicht ergab.

3. Vorgehen der Stiftungsaufsicht und Reaktion der Stiftung

Die Stiftungsaufsicht beschritt aufgrund der Reaktionen der Stiftung und der involvierten Personen folgenden Weg:

a. Im Hinblick auf die festgestellten Ergebnisse der Jahresabschlussprüfungen wurde die Stiftung um Klärung gebeten.

b. Die Stiftungsaufsicht informierte über die der Stiftungsaufsicht bekannt gewordene Betreuungssituation in Vermögensangelegenheiten des Unternehmers. Es erfolgte die Anregung, unter Umständen die Größe und Besetzung des Stiftungsvorstandes bereits zu Lebzeiten des Stifters neu zu regeln.

c. Da der Stiftungsvorstand nicht auf die vorgeschlagene Satzungsänderung eingegangen war, stattdessen aber über einige persönliche Veränderungen informierte und zudem bat, zukünftig den von ihm benannten Angehörigen als alleinigen Ansprechpartner und Postempfänger der Stiftung zu führen, nahm die Stiftungsaufsicht dies gem. § 12 Abs. 2 StiftG NRW zur Kenntnis und aktualisierte dementsprechend den Eintrag der Stiftung in dem Stiftungsverzeichnis für das Land NRW und die hier geführten Stiftungsakten.

d. Der Vorgang zur angeregten Satzungsänderung wurde auf Wiedervorlage in drei Monaten gelegt.

e. Nach Ablauf der Wiedervorlagenfrist unterbreitete die Stiftungsaufsicht dem Stiftungsvorstand einen konkreten Vorschlag zur Satzungsanpassung:

„Abs. 2: Der Vorstand besteht aus einer oder drei Personen. Zu Lebzeiten des Stifters soll der Vorstand grundsätzlich nur aus dem Stifter bestehen. Nach dessen Tod besteht der Vorstand aus drei Personen. Den ersten Vorstand nach dem Tode des Stifters bestimmt der Stifter durch Verfügung von Todes wegen, sofern er nicht zu seinen Lebzeiten weitere Personen in den Stiftungsvorstand berufen hat. Wird eine entsprechende Bestimmung nicht getroffen und hat der Stifter auch zuvor nicht bereits Personen in den Vorstand berufen, wird der Vorstand durch den Geschäftsführer des Bundesverbandes deutscher Stiftungen e. V. ernannt. [...].“

a. Als Reaktion, dass der Stiftungsvorstand den Vorschlag zur Satzungsänderung angenommen und zwei Angehörige des Unternehmers zu Mitgliedern des Stiftungsvorstands bestellt hatte, sprach die Stiftungsaufsicht gem. § 5 Abs. 2 Nr. 2 StiftG NRW die Genehmigung der Satzungsänderung aus. Der Stifter wurde nicht angehört, obwohl er bei genehmigungspflichtigen Satzungsänderungen nach § 5 Abs. 2 S. 3 StiftG NRW nach Möglichkeit anzuhören ist. Vorliegend bedurfte es seiner Anhörung nicht, denn der Unternehmer als Stiftungsvorstand und zugleich Stifter war bei der Annahme und Beantragung der Satzungsänderung von seinem Rechtsanwalt (ungleich Betreuer) begleitet worden. Die Erweiterung des Vorstandes nahm die Stiftungsaufsicht zur Kenntnis durch Aktualisierung des Eintrages der Stiftung in dem Stiftungsverzeichnis für das Land NRW.

b. Nach Eingang der Stellungnahme des Steuerberaters der Stiftung wies die Stiftungsaufsicht unter anderem auf die Beachtung der sparsamen und wirtschaftlichen sowie satzungsentsprechenden und angemessenen Verwendung der Stiftungsmittel hin (§ 4 Abs. 3 StiftG NRW; vgl. Nr. 19 AEAO zu § 55 Abs. 1 Nr. 1 AO). Darüber hinaus erfolgten keine weiteren Beanstandungen und auch keine weiteren aufsichtsrechtlichen Maßnahmen nach §§ 7, 8 und 9 StiftG NRW.

IV. Fazit

Anhand dieses Fallbeispiels wird deutlich, dass die Beratung der Stiftungsaufsicht als präventives Aufsichtsmittel mit ihrer Informations- und Warnfunktion unabdingbar ist.

Seit diesem Fall berate ich als Stiftungsaufsicht vermehrt dahingehend, dass die Stifter:innen in ihrer Stiftungssatzung, zur Wahrung ihres Stifterwillens, einen Passus einfügen, dass sie zwar zu ihren Lebzeiten alleiniger Vorstand sein, jedoch im Bedarfsfall eine personelle Erweiterung vornehmen können. Zudem rege ich an, dass in die Satzung aufgenommen werden sollte, dass eine Organmitgliedschaft beendet und ausgeschlossen ist, wenn die betreffende Peron unter amtlicher Betreuung steht.

Die Stiftung aus dem Fallbeispiel ist seit der ausführlichen Beratung und der Genehmigung der Satzungsänderung unauffällig.

V. Abstract

Alexa Große-Heidermann from the district government of Münster depicts current problems regarding foundations from the foundation supervision's point of view. After providing an overview of the tasks and legal bases of the foundation supervision in the North Rhine-Westphalia Foundation Law (StiftG NRW), *Große-Heidermann* presents a case from the supervisory practice that deals with the appointment of a guardian. She starts off by providing the facts of the case, which among others is characterized by the founder's position as member of the board as well as his dementia and corresponding judicial decisions. The author explains that the foundation supervision had to investigate, if, when and in which way it had to intervene and which effects the appointment of a guardian had on the case. *Große-Heidermann* expounds the corresponding considerations of the foundation supervision in terms of an either preventive or repressive approach. She continues by providing the case's further development, including a proposal made by the foundation supervision to amend the statute. As a consequence of this elaborate guidance, the foundation was able to resume work properly, which shows the importance of preventive supervisory measures, *Große-Heidermann* concludes.

Abstract

Bernd Andrick[*]

Aktuelle Rechtsprechung im Stiftungsrecht

Ebenso wie die gesetzgeberischen Initiativen auf Bundes- und Landesebene ist auch die Rechtsprechung im Stiftungsrecht in Bewegung. Sie betrifft die Errichtung der rechtsfähigen Stiftung bürgerlichen Rechts ebenso wie das Organhandeln und die Stiftungsaufsicht sowie Informationspflichten von Stiftungen gegenüber der Öffentlichkeit.

I. Errichtung der Stiftung

In Bezug auf die Errichtung der Stiftung hat sich das Bundesverwaltungsgericht (BVerwG) im Anschluss an sein Republikaner-Urteil,[1] dem das entsprechende Urteil des OVG Münster vorausgegangen war,[2] erneut der negativen Ernennungsvoraussetzung der Gemeinwohlgefährdung des Stiftungszwecks gewidmet. Daneben hat sich das OVG Mecklenburg-Vorpommern (Greifswald); OVG M-V) im Zusammenhang mit der in diesem Bundesland errichteten Stiftung Klima- und Umweltschutz mit der Frage befasst, ob die Errichtung der Stiftung durch einen Dritten (hier: Umweltverband) angefochten werden kann.

---

[*]   Prof. Dr. Bernd Andrick ist Vorsitzender Richter am VG Gelsenkirchen a.D., Of Counsel bei Wolter Hoppenberg, Honorarprofessor für Öffentliches Recht und Stiftungsrecht an der Ruhr-Universität Bochum sowie Vorstandsmitglied von Fundare e.V.
1   12.02.1998 – 3 C 55/96 –, Rn. 30 ff.
2   08.12.1995 – 25 A 2431/94 –, Rn. 11 ff.

1. Gemeinwohlgefährdung des Stiftungszwecks

Streitgegenstand des Urteils des BVerwG vom 24.03.2021 – 6 C 4/20 – war die Anerkennung einer Stiftung, deren Stiftungszweck ausweislich der Stiftungssatzung im Wesentlichen war, die schiitische islamische Bildung nach den Worten des Heiligen (...) und für die Freunde der Heiligen (...) in Deutschland und der ganzen Welt bekannt zu machen, Texte für die verschiedenen islamisch-schiitischen Glaubensrichtungen zu übersetzen und zu verfassen, um diese Kultur in Diskussionen bekannt zu machen und die richtige islamische Erziehung von schiitischen Moslems in Deutschland zur Toleranz gegenüber anderen Glaubensrichtungen oder Religionen zu fördern. Das zuständige Landesamt für Verfassungsschutz teilte der Stiftungsbehörde mit, dass einer der Stifter zwei islamischen Vereinigungen in leitender Funktion angehöre, die personell und ideologisch eng verflochten seien und wegen der von ihnen propagierten iranischen Staatsdoktrin unter Beobachtung der Verfassungsschutzbehörden stünden. Die über jenen Stifter vorliegenden Erkenntnisse ließen befürchten, dass er als Vorsitzender der Stiftung das Ziel der Errichtung einer islamischen Republik mit der Scharia als einziger Rechtsordnung verfolgen werde.

Das BVerwG hat an § 80 Abs. 2 S. 1 BGB angeknüpft und angenommen, dass der Stiftungszweck das Gemeinwohl gefährden würde. Es knüpft an die Rechtsprechung des OVG Münster und des BVerwG zur Errichtung einer parteinahen Stiftung durch die Partei „Die Republikaner" an, in der für die Bewertung der Gemeinwohlgefährdung über den in der Satzung formulierten Zweck weitere außerhalb der potentiellen Stiftung liegende Umstände herangezogen worden sind. Zugleich bediente sich das BVerwG eines Maßstabes, den der Bundesgesetzgeber anlässlich der Modernisierung des Stiftungsrechts in seiner Gesetzesbegründung vorgegeben hat. Letzteres findet sich in der Formulierung (Rn. 21):

> *„Im Rahmen der Anerkennungsentscheidung ist ... nicht nur zu prüfen, ob der in der Stiftungssatzung formulierte Stiftungszweck gegen ein Gesetz verstößt. Vielmehr ist auch eine Prognose darüber anzustellen, ob die Verwirklichung des Stiftungszwecks durch die dann rechtsfähige Stiftung die Schutzgüter des § 80 Abs. 2 BGB zu beeinträchtigen droht."*

Damit wird an einen Wahrscheinlichkeitsmaßstab angeknüpft, der eine Prognose hinsichtlich der von der künftigen Stiftung ausgehenden Gefahren für die Schutzgüter (Gesetz, Verfassungsrechtsgüter) trägt. Demzufolge heißt es weiter (Rn. 22):

> *„Die Entstehungsgeschichte des § 80 Abs. 2 Satz 1 BGB in der heute gültigen Fassung belegt aber in aller Deutlichkeit, dass der Reformgesetzgeber für die Anerkennungsentscheidung auch eine Prognose der von der künftigen Stiftung ausgehenden Gefahren für die Schutzgüter für erforderlich erachtete. Denn er hat zur näheren Erläuterung des Begriffs der Gemeinwohlgefährdung auf das in der höchstrichterlichen Rechtsprechung zur Altfassung des § 80 BGB etablierte Gesetzesverständnis zurückgegriffen, das eine gefahrenabwehrrechtliche Dimension der Anerkennungsentscheidung bereits umfasste, und hat ausdrücklich deren Bedeutung unterstrichen (BT-Drs. 14/8765 S. 9 und BT-Drs. 14/8894*

S. 10). Auch der Sinn und Zweck des Anerkennungsvorbehalts, durch eine präventive Kontrolle mögliche Gefahren für die Schutzgüter schon vor Entstehung einer eigenen Rechtspersönlichkeit der Stiftung abzuwehren, gebietet ein solches Gesetzesverständnis, weil andernfalls die Formulierung eines unverfänglichen, aber interpretationsoffenen Stiftungszwecks eine effektive Vorabprüfung verhindern könnte."

Maßstab für die Annahme der Gemeinwohlgefährdung ist die polizeiliche Gefahrenabwehr, die eine hinreichende Wahrscheinlichkeit der Rechtsgutbeeinträchtigung voraussetzt. Es darf also (Rn. 24)

„... nicht bloß eine entfernt liegende Möglichkeit sein und muss auf Tatsachen beruhen. Dieser Maßstab entspricht dem Willen des Reformgesetzgebers, der auch insoweit die zur Altfassung des § 80 BGB ergangene höchstrichterliche Rechtsprechung aufgegriffen hat (BT-Drs. 14/8765 S. 9). An die Darlegung und gegebenenfalls den Nachweis der Tatsachen, die für eine Gemeinwohlgefährdung sprechen, sowie deren Bewertung sind strenge Anforderungen zu stellen, bloße Mutmaßungen oder Spekulationen reichen für das Erreichen der Eingriffsschwelle nicht aus. Im Rahmen dieser Würdigung ist erforderlichenfalls zu berücksichtigen, dass die von den Stiftern beabsichtigte Stiftungsgründung der Verwirklichung grundrechtlich geschützter Zwecke wie etwa der Religionsausübung oder der Förderung von Wissenschaft und Forschung dienen kann."

Das BVerwG hebt hervor, dass für die rechtliche Betrachtung, ob eine Gemeinwohlgefährdung vorliegt, in erster Linie der im Stiftungsgeschäft niedergelegte Stifterwille heranzuziehen sei. Es konzediert einen zweiten Auslegungsschritt, der sich auf begleitende Umstände bezieht. Hierzu gehört

„... etwa die Haltung und die Absichten des Stifters in die Auslegung einzubeziehen, soweit sie einen Schluss auf den Sinngehalt der Erklärung zulassen (vgl. zur Auslegung von WillenserklärungenBGH, Urteil vom 19. Januar 2000 – VIII ZR 275/98 –NJW-RR 2000, 1002Rn. 20). Auch Umstände, wie die vom Stifter für die Besetzung der Stiftungsorgane vorgesehenen Personen oder Besonderheiten der Stiftungsorganisation können im Rahmen der vom Tatrichter vorzunehmenden Auslegung des Stifterwillens eine Rolle spielen."

Das BVerwG hat im konkreten Fall in mehrfacher Hinsicht Verstöße gegen die freiheitlich-demokratische Grundordnung angenommen und die Ablehnung der beantragten Anerkennung der Stiftung als rechtmäßig angesehen.

2. Anfechtung der Anerkennung der Stiftung durch Dritte

Ausgangspunkt des Falles ist die Anerkennung der „Stiftung Klima- und Umweltschutz" (Klimastiftung), die eine Nähe zur Ostseepipeline Nord Stream 2 gehabt hat, nunmehr aber nicht mehr hat. In der Stiftungssatzung ist ein wirtschaftlicher Geschäftsbetrieb als Nebenzweck bezeichnet gewesen, der im Zusammenhang mit der Gasversorgung gestanden hat. Nach der Anerkennung der Klimastiftung ist dieser rechtsgestaltende Verwaltungsakt durch eine Umweltorganisation verwaltungsgerichtlich angefochten worden.

Maßgeblich war die Frage, ob der Umweltorganisation für ihre Anfechtungsklage die Klagebefugnis zustand. Die verwaltungsprozessuale Bestimmung des § 42 Abs. 2 VwGO, nach der die Klagebefugnis nur bei der Verletzung durch den Verwaltungsakt in eigenen Rechten in Betracht kommt, war nicht einschlägig, da es der Umweltorganisation in Bezug auf die Stiftung an subjektiven Rechten fehlte.

Die Umweltorganisation nahm für sich aber das Popularklagerecht aus § 2 des Gesetzes über ergänzende Vorschriften zu Rechtsbehelfen in Umweltangelegenheiten nach der EG-Richtlinie 2003/35/EG (Umwelt-Rechtsbehelfsgesetz – UmwRG)[3] in Anspruch, weil die Stiftung mit ihren Zweck den Umwelt- und Klimaschutz verfolge.[4] Hierbei handelt es sich um eine Norm mit Popularklagecharakter, die vom Gesetzgeber bewusst nicht in das von der subjektiven Rechtsbetroffenheit geprägte Prozessrecht (VwGO) als Ausnahme integriert worden ist, sondern als unabdingbarer Ausfluss des Europarechts isoliert und bereichsspezifisch im Umweltrecht verortet worden ist. Dies erschließt sich bereits aus der gesetzlichen Eingangsformulierung, wonach das Gesetz der Umsetzung von Art. 11 der Richtlinie 2011/92/EU des Europäischen Parlaments und des Rates vom 13.12.2011 über die Umweltverträglichkeit bei bestimmten öffentlichen und privaten Projekten sowie weiterer umweltbezogener europarechtlicher Vorgaben dient.

Das OVG M-V hat durch Beschluss vom 24.05.2022 – 1 M 513/21 OVG – (unveröffentlicht) in aller Kürze festgestellt,

> *„Durch diesen Akt (Anmerkung des Verfassers: gemeint ist die Anerkennung) werden jedoch unmittelbar keine umweltbezogenen Rechtsvorschriften verletzt."*

Das Vorhaben der Umweltorganisation, jeweils das Rechtsgebiet zur Geltung zu bringen, das dem Stiftungszweck nahesteht (hier: Umweltrecht), und damit das Stiftungsrecht zu verdrängen, ist gescheitert.

II. Klagerechte

1. Klagerecht des Stifters auf Einhaltung seines Stifterwillens

Durch den rechtsgestaltenden Verwaltungsakt der Anerkennung entsteht die Stiftung als juristische Person. Nach § 83 Abs. 2 BGB-neu haben die Stiftungsorgane bei ihrer Tätigkeit für die Stiftung den bei der Errichtung der Stiftung zum Ausdruck gekommenen, hilfsweise den mutmaßlichen Willen des Stifters zu beachten.

---

3   BGBl I 2017, 3290.
4   OVG M-V, 24.05.2022 – 1 M 513/21 OVG.

Tritt nun eine Entwicklung der Stiftung ein, die sich nicht mit den Vorstellungen des Stifters deckt, stellt sich die Frage nach seinen rechtlichen Einflussmöglichkeiten, vor allem, ob er ein Klagerecht auf Einhaltung seines Stifterwillens hat. Das OLG Hamm hat durch Beschluss vom 03.02.2022 – 27 U 15/21 – die Aktivlegitimation des Stifters für eine solche Klage verneint und dies mit den Rechtsfolgen der Anerkennung begründet (Rn. 59):

„Zur Überzeugung des Senats ist einem Stifter aber mit der ganz überwiegenden Ansicht ein nur auf dieser Eigenschaft beruhendes Klagerecht nicht zuzubilligen. Dies betrifft sowohl die Beschreitung des Zivilrechtswegs als auch des Verwaltungsrechtswegs. Dies beruht, worauf das Landgericht bereits zutreffend abgestellt hat, darauf, dass sich eine Stiftung mit ihrer Anerkennung vom Stifter emanzipiert und das rechtliche Band zu diesem endgültig zertrennt wird. Angesichts dessen sind auch keine Ausnahmen von diesem Grundsatz, insbesondere unter dem Gesichtspunkt der Nachwirkung von Grundrechten, angezeigt. Ein potentieller Stifter ist hierdurch auch nicht rechtlos gestellt, da es ihm nicht verwehrt ist, sich satzungsgemäß Rechte vorzubehalten, deren Beeinträchtigung dann auch gerügt und zur gerichtlichen Überprüfung gestellt werden kann, was nachfolgend noch näher ausgeführt wird (vgl. hierzu insgesamt: Schwarz/van Berk/Fischer in Münchener Handbuch des Gesellschaftsrechts, Band 5, 5. Auflage, § 101, Rn. 52; Roth in Staudinger, BGB, Neubearbeitung 2017, Vorbemerkungen zu §§ 80–88, Rn. 150; Lange in beck-online.Grosskommentar, Stand: 15.11.2021, § 87 BGB, Rn. 54; Jakob/Picht in beck-online.Grosskommentar, Stand: 01.02.2021, § 85 BGB, Rn. 9 f.; Roth in Münchener Handbuch des Gesellschaftsrechts, Band 7, 6. Auflage, § 99, Rn. 22; Stallmann in ZEV 2017, 607 ff. (612); Schlüter/Stolte, Stiftungsrecht, 3. Auflage, Kapitel 1, Rn. 40; Hof in von Campenhausen/Richter, Stiftungsrechts-Handbuch, 4. Auflage, § 6, Rn. 348; Andrick/ Suerbaum, StiftG NRW, § 4, Rn. 3; eingehend zum Meinungsstand unter Verweis auf die überwiegende Ansicht mit weiteren Nachweisen auch: Weitemeyer in Münchener Kommentar zum BGB, 9. Auflage, § 85, Rn. 29 f. und § 80, Rn. 82).“

Das OLG Hamm billigt danach dem Stifter lediglich die Rechte zu, die er sich in der Stiftungssatzung vorbehalten hat (etwa: Berufung und Abberufung von Organmitgliedern) oder die ihm – wie jedem anderen Organmitglied – als Mitglied eines Stiftungsorgans zustehen. Die klageweise Geltendmachung von Rechten setzt allerdings voraus, dass der Stifter auch in diesen betroffen ist.

2. Notklagerecht Stiftungsinteressierter und „actio pro socio" im Stiftungsrecht

Der Verwaltungsgerichtshof Baden-Württemberg (VGH) hat sich in seinem (rechtskräftigen) Urteil vom 21.06.2022 – VGH 1 S 1865/20 – mit der Frage befasst, ob es ein *„Notklagerecht"* für Stiftungsinteressierte gibt, und das im Gesellschaftsrecht beheimatete Rechtsinstitut der *actio pro socio* auch im Stiftungsrecht Geltung beansprucht. Beides ist von den Klägern jenes Verfahrens aus der landesgesetzlichen Regelung (im Fall: § 8 Abs. 1 StiftG BW = Rechtsaufsicht des Landes) und der hieran anzuknüpfenden Rechtsfortbildung hergeleitet worden.

Der VGH weist auf die besonderen Anforderungen der Prozessstandschaft des § 42 Abs. 2 S. 1 VwGO hin und lässt de lege lata keinen Raum für ein Klagerecht außerhalb der eigenen (subjektiven) Rechtsbetroffenheit. Eine Rechtsfortbildung komme nicht in Betracht, vielmehr werde eine dem Gesetzgeber vorbehaltene gesetzliche (Neu-)Regelung einer Prozessstandschaft von stiftungsinteressierten Dritten für eine Stiftung angestrebt. Im Ergebnis nicht anders verhalte es sich mit der Annahme einer öffentlich-rechtlichen *actio pro socio*. Im Gesellschaftsrecht sei die gesetzliche Prozessstandschaft in der Form der *actio pro socio* anerkannt, bei der ein Anspruch aus dem Gesellschaftsverhältnis durch einen Gesellschafter im eigenen Namen gegen einen Mitgesellschafter auf Leistung an die Gesellschaft geltend gemacht werde.[5] Der Anwendungsbereich der *actio pro socio* sei nach ständiger Rechtsprechung des Bundesgerichtshofs auf das Binnenverhältnis der Gesellschaft beschränkt. Sie wurzele im Gesellschaftsverhältnis und sei besonderer Ausfluss des Mitgliedschaftsrechts des Gesellschafters,[6] weshalb es eine *actio pro socio* gegenüber Dritten, namentlich gegenüber Nichtgesellschaftern, auch wenn diese in einer Sonderrechtsbeziehung zu der Gesellschaft stünden, nicht gebe.[7] Einer Übertragung auf das Stiftungsrecht stehe danach bereits entgegen, dass die Stiftung eine mit wechselseitigen Rechten und Pflichten verbundene Mitgliedschaft, die Grundlage für die gesellschaftsrechtliche Anerkennung der *actio pro socio* sei, nicht kenne.

*„Die Norm, mit welcher der Landesgesetzgeber, orientiert an den Grundsätzen der Kommunalaufsicht (vgl LT-Drs. 7/510, S. 35), eine Rechtsaufsicht über die Stiftungen geschaffen hat, erschöpft sich erkennbar in einer gesetzlichen Aufgabenbeschreibung. Über diesen klaren, zu subjektiven Rechten oder gar Klagerechten jeglicher Art schweigenden Wortlaut der Vorschrift setzen sich die Kläger hinweg. Auch der Sinn und Zweck des § 8 Abs. 1 StiftG steht einem Verständnis als Regelung einer Klage- oder Prozessführungsbefugnis nicht offen. Denn eine gesetzliche Bestimmung wird einer solchen Auslegung regelmäßig nur dann zugänglich sein, wenn sich ihrem Sinn und Zweck zumindest ein hinreichend bestimmt vorgezeichneter Personenkreis entnehmen lässt, der nach dem Willen des Gesetzgebers berechtigt sein soll, eigene oder fremde subjektive Rechte oder Verpflichtungen geltend machen oder erfüllen zu können (vgl.BayVGH, Urt. v. 19.12.2013 – 5 BV 12.721 –, jurisRn. 19 ff. zur Prozessstandschaft des einzelnen (gemeinsam) sorgeberechtigten Elternteils bei der An- und Abmeldung der Wohnung des minderjährigen Kindes). ...
Die in § 8 Abs. 1 StiftG geregelte Stiftungsrechtsaufsicht vermittelt – wie dargelegt (siehe oben II. 1. c) aa) (2) (a)) – weder Organmitgliedern oder Dritten subjektive Rechte*

---

5   BGH, Urt. v. 25.01.2022 – II ZR 50/20 –, Rn. 12.
6   Vgl. BGH, Beschl. v. 26.04.2010 – II ZR 69/09 –, juris Rn. 3; Urt. v. 22.01.2019 – II ZR 143/17–, juris Rn. 10 m.w.N.
7   BGH, Urt. v. 19.12.2017 – II ZR 255/16 –, juris Rn. 13 ff.; Urt. v. 25.01.2022 – II ZR 50/20 –, juris Rn. 12.

gegenüber der Stiftungsaufsicht, noch trifft sie überhaupt eine Regelung zu Klagerechten. Denn die Klagebefugnis auch der Stiftung selbst sowie im Einzelfall der Stiftungsorgane und ihrer Mitglieder, die (mögliche) Adressaten konkreter aufsichtsrechtlicher Verfügungen der Stiftungsbehörde sind, ergibt sich nicht aus § 8 Abs. 1 StiftG, sondern folgt aus der möglichen Beeinträchtigung der grundrechtlich geschützten Rechte als juristische Person und der durch die Stiftungssatzung begründeten Mitwirkungsrechte."

III. Rechtscharakter der Vertretungsbescheinigung und Prüfungsumfang der Stiftungsbehörde

Ausgangspunkt des Falles, über den das OVG Lüneburg (OVG), Beschluss vom 29.06. 2021 – 8 ME 135/20 –, zu befinden hatte, war die Ausstellung einer Vertretungsbescheinigung. Dabei gab es Unklarheiten über die ordnungsmäßige Besetzung des Vorstandes der Stiftung. Das OVG hat sich damit befasst, welche Rechtsqualität die Vertretungsbescheinigung hat, weil die Stiftungsbehörde ihre Vertretungsbescheinigung für sofort vollziehbar nach § 80 Abs. 2 S. 1 Nr. 4 VwGO erklärt hat und demzufolge Rechtsschutz nach § 80 Abs. 5 VwGO nachgesucht worden ist. Das OVG hat der Vertretungsbescheinigung die Verwaltungsaktqualität abgesprochen, allerdings dem Organmitglied, das in der Vertretungsbescheinigung nicht genannt worden ist (und damit aus seiner Sicht von der Organmitgliedschaft ausgeschlossen ist), ein Klagerecht eingeräumt:

„Dem Antragsteller kann nach seinem für die Zulässigkeitsprüfung zugrunde zu legenden Sachvortrag und angesichts des ausdrücklich an ihn gerichteten Bescheides des Antragsgegners vom 2. Juli 2020 die Antragsbefugnis (§§ 42 Abs. 1, 43 Abs. 1 VwGO) nicht abgesprochen werden. Verwaltungsgerichtlicher Rechtsschutz ist zudem eröffnet, wenn sich Maßnahmen der Stiftungsaufsicht nicht ausschließlich an die Stiftung als Rechtsträgerin richten, sondern vorrangig an ein einzelnes Organ oder Organmitglied adressiert sind, dessen Rechtsstellung gezielt beeinträchtigt oder beendet wird (Bayerischer VGH, Beschl. v. 19.01.2010 – 5 ZB 09.504 –, jurisRn. 7). Eine derartige Beeinträchtigung der von dem Antragsteller für sich (weiterhin) in Anspruch genommenen Organstellung ist hier anzuerkennen, weil die der Stiftung erteilte Vertretungsbescheinigung vom 6. Juli 2020 nur die Beigeladenen zu 1. und 2. als Vertretungsberechtigte nennt und ihn daher von der Vertretung der Stiftung im Außenverhältnis – jedenfalls faktisch – ausschließt."

Für die fehlende Verwaltungsaktqualität führt das OVG u. a. folgende Gründe an:

„Die Vertretungsbescheinigung dient der Legitimation der vertretungsberechtigten Organe der Stiftung im Rechtsverkehr. Im Stiftungsverzeichnis sind nach § 17a Abs. 2 S. 1 StiftG lediglich der Name, der Sitz, der wesentliche Zweck und die Anschrift der Stiftung aufzunehmen, nicht hingegen die Vertretungsverhältnisse und die zur Vertretung berechtigten Personen. Eintragungen im Stiftungsverzeichnis begründen zudem nicht die Vermutung der Richtigkeit (§ 17a Abs. 2 S. 3 StiftG), so dass es an einer Publizitätswirkung für den Rechtsverkehr fehlt. Ob die Vertretungsbescheinigung als bloße Wissenserklärung der Stiftungsbehörde oder als Vollmachturkunde analog § 172 BGB anzusehen

*ist (vgl. OLG Zweibrücken, Beschl. v. 30.11.2010 – 3 W 177/10 –, jurisRn. 9; Hüttemann/
Rawert, in: Staudinger, BGB, Neubearbeitung 2017, Vorbemerkungen zu §§ 80–88 Rn. 168
m.w.N.; Weitemeyer, in: Münchener Kommentar, BGB, 8. Aufl. 2018, § 80 Rn. 85; s. auch
Niedersächsisches OVG, Beschl. v. 29.07.1998 – 13 M 2473/97 –, jurisRn. 29), kann dabei
offenbleiben. Die demgegenüber teilweise vertretene Auffassung, es handele sich nach
ihrer Rechtsnatur um einen (feststellenden) Verwaltungsakt im Sinne von§ 35 VwVfG,
ist jedenfalls abzulehnen. Eine solche Deutung mag zwar begrifflich möglich sein, hätte
indes eine konstitutive privatrechtsgestaltende Wirkung zur Folge, die über die einer Ein-
tragung in das Handelsregister hinausginge (Weitemeyer, in: Münchener Kommentar,
BGB, 8. Aufl. 2018, § 80 Rn. 85), zumal ihre Rechtsfolgen der Dispositionsbefugnis der
Behörde entzogen sind. Auch wenn die Vertretungsbescheinigung (nur) an die Stiftung
adressiert wird, würde dies eine Statusfeststellung der in ihr genannten Personen als den
für die Stiftung Vertretungsberechtigten bewirken, die eine inter-omnes-Wirkung für
und gegen jedermann und damit für den gesamten Rechtsverkehr zur Konsequenz hätte
(a.A. Hüttemann/Rawert, in: Staudinger, BGB, Neubearbeitung 2017, Vorbemerkungen
zu §§ 80–88 Rn. 167).
Stellt indes schon die Vertretungsbescheinigung selbst nach § 11 Abs. 2 S. 2 StiftG keinen
Verwaltungsakt dar, spricht wenig dafür, in der Norm die Ermächtigung für eine stiftungsbe-
hördliche Entscheidung zu sehen, eine bestimmte Person mit den Rechtswirkungen eines pri-
vatrechtsgestaltenden Verwaltungsaktes von der Vertretung der Stiftung auszuschließen. …
Bei dem – der Erteilung der Vertretungsbescheinigung vorgelagerten – Prüfungsergebnis der
Stiftungsbehörde, welche Personen aufgrund der diesbezüglichen Mitteilung des Vorstands
der Stiftung in die Vertretungsbescheinigung aufzunehmen sind (und welche nicht), handelt es sich nach der gesetzlichen Konzeption um ein (Verwaltungs-) Internum, das selbst
keine über die Inhalte der Vertretungsbescheinigung hinausgehenden Rechtswirkungen nach
außen entfaltet."*

Das OVG stellt zunächst zutreffend heraus, dass im Grundsatz die Prüfungskompe-
tenz für die Rechtmäßigkeit der Berufung oder Abberufung von Organmitgliedern bei
den Zivilgerichten liege. Es versteigt sich dann aber zu der generellen Aussage:

*„… den Zivilgerichten zu, die allein berufen sind, mit rechtsverbindlicher Wirkung etwa über
die Rechtmäßigkeit der Berufung und Abberufung einzelner Vorstandsmitglieder sowie die
Wirksamkeit von Satzungsbestimmungen und -änderungen zu entscheiden. Dies ist generell zu beachten, hat aber insbesondere auch im Rahmen des Verwaltungshandelns bei der
Bescheinigung der Vertretungsverhältnisse nach § 10 Abs. 2 Satz 2 StiftG Auswirkungen auf
die Intensität der (Inzident-) Prüfung privatrechtlicher Vorfragen."*

Es negiert damit auch in anderen Fällen stiftungsaufsichtlichen Handelns die
Befugnis der Stiftungsbehörde, im Rahmen einer Inzidenzprüfung zivilrechtliche
Vorfragen zu prüfen. Konsequenz einer solchen Rechtsauffassung wäre, stiftungs-
aufsichtliche Maßnahmen auszusetzen und zunächst eine zivilgerichtliche Klärung

herbeizuführen. Die gegen diese Rechtssicht erhobenen Einwände sind nicht von der Hand zu weisen.[8]

IV. Behördeneigenschaft einer rechtsfähigen Stiftung bürgerlichen Rechts

Rechtsfähige Stiftungen bürgerlichen Rechts, deren Stifter der Staat mit seinen juristischen Personen des öffentlichen Rechts ist, sind zunehmend Informationsansprüchen von privaten Dritten ausgesetzt. Ausgangspunkt solcher Ansprüche sind die Informationsgesetze des Bundes und der Länder, zu denen unter anderem die Informationsfreiheitsgesetze ebenso zählen wie die Pressegesetze. Ihnen ist gemein, dass Ansprüche auf Informationen gegenüber einer „Behörde" bestehen. Denknotwendig ist eine rechtsfähige Stiftung bürgerlichen Rechts dann zur Auskunft verpflichtet, wenn sie rechtlich als „Behörde" zu qualifizieren ist. Das wird nach der Rechtsprechung des BGH[9] dann angenommen, wenn die juristischen Personen des Privatrechts von der öffentlichen Hand „beherrscht" und zur Erfüllung öffentlicher Aufgaben, etwa im Bereich der Daseinsvorsorge eingesetzt werden. Eine Beherrschung in diesem Sinne ist in der Regel anzunehmen, wenn mehr als die Hälfte der Anteile der privatrechtlichen juristischen Person unmittelbar oder mittelbar im Eigentum der öffentlichen Hand steht.[10]

Vereinzelt geht die erstinstanzliche und obergerichtliche Rechtsprechung bereits dann von eine „Behörde" im gesetzlichen Sinne aus, *„wenn sie eine öffentliche Aufgabe (auch) mit öffentlichen Mitteln wahrnimmt. Denn gerade die Verwendung öffentlicher Mittel begründet das berechtigte öffentliche Interesse, über Art und Weise der Verwendung informiert zu werden".*[11] Demgegenüber wird eine Beherrschung verneint, wenn sich die Stiftung fortlaufend überwiegend aus staatlichen Mitteln finanziert.[12] Bei einer von der Sparkasse errichteten Stiftung ist die Beherrschung angenommen worden, weil sie zu dem Zweck gegründet worden sei, *„die Wahrnehmung gemeinwohlorientierter Sparkassenaufgaben vor allem sozialer und kultureller Art nach Maßgabe der Stiftungszwecke in die Verantwortung der ... zu geben",* und die Organe durch Verantwortungsträger der Stifterin besetzt würden; dadurch sei die Einflussnahme der Stifterin garantiert.[13] Schließlich wird die Beherrschung auch von der Feststellung getragen, dass die öffentliche Hand *„mit*

---

8   *Beyer*, Anmerkung zu OVG Lüneburg, Beschluss vom 29.06 2021 – 8 ME 135/20 –, ZStV 2021, 232 ff.

9   Urt. v. 16.03.2017 – I ZR 13/16 –, Rn. 19, bezogen auf eine Aktiengesellschaft.

10 BGH, Urt. v. 16.03.2017 – I ZR 13/16 –, Rn. 21.

11 VG Gelsenkirchen, 25.06.2014 – 4 K 3466/13 –, Rn. 46; ebenso LG Schwerin, 05.04.2022 – 3 O 65/22 –, Rn. 39.

12 OLG Karlsruhe, 23.06.2021 – 6 U 190/20 –, Rn. 103 ff.

13 OVG NRW, 17.11.2020 – 15 A 4409/18 –, Rn. 97, 100 ff.

*der Gründung und Vorgabe des Satzungszweckes, der Auswahl des Vorstandes und
der Ausstattung der … mit öffentlichen Mitteln sich seiner Einflussmöglichkeiten nicht
begeben wollte*".[14]

Die vorgenannten erstinstanzlichen und obergerichtlichen Rechtsansichten
unterliegen vor dem Hintergrund der besonderen Struktur der Stiftung, die sich
elementar von den Gesellschaften des bürgerlichen Rechts unterscheidet,[15] erheblichen Bedenken. Die maßgebliche Frage ist, ob eine Stiftung überhaupt vom Staat,
also vom Stifter, beherrscht werden kann. Dies dürfte zu verneinen sein.[16]

V. Abstract

Bernd Andrick, lawyer and retired presiding judge, reports on current court decisions. Altogether he presents five different judgments concerning foundations.
Firstly, he reviews a decision of the German Federal Administrative Court (decision
6 C 4.20, on 24th March 2021), which deals with the endangering of the common
good through the recognition of a foundation. Secondly, the author comments on a
decision from the higher administrative court of Mecklenburg-Western Pomerania
(decision 1 M 513/21, on 24th May 2022) concerning the contesting of a foundation's recognition by a third party. He continues by providing a judgment from the
higher regional court in Hamm (decision 27 U 15/21, on 3rd February 2022), which
examines whether there is a founder's right to sue a violation of his will. The next
decision that *Andrick* provides is a judgment from the higher administrative court
of Baden-Württemberg (decision 5 U 130/18, on 25th September 2018). It deals, inter
alia, with the debate about the existence of a right to bring suit in cases, in which
the foundation is in dire need of judicial action. The author concludes by presenting several judgments that dispute on the question, whether a foundation can be
obligated to provide information because of its categorization as authority.

14　OLG Rostock, 11.07.2022 – 6 U 19/22 –, (Beschlussabdruck S. 5 f.).

15　BVerwG, Urt. v. 24.03.2021 – 6 C 4/20 –, Rn. 31.

16　Vgl. hierzu eingehend Andrick/Muscheler/Uffmann/*Andrick*, Bochumer Kommentar
　　zum Stiftungsrecht, § 82 Rn. 64 ff.